温州赚钱模式系列 II

最牛投资客

ZUINIU TOUZIKE

周德文◎著

山西出版集团 山西人民出版社

图书在版编目（CIP）数据

最牛投资客／周德文著．—太原：山西人民出版社，2011.7
（温州赚钱模式系列：Ⅱ）
ISBN 978-7-203-07341-3

Ⅰ．①最… Ⅱ．①周… Ⅲ．①私人投资－研究－温州市
Ⅳ．①F832.48

中国版本图书馆 CIP 数据核字（2011）第 119334 号

最牛投资客

著　　者：周德文
责任编辑：梁小红
装帧设计：齐建平

出 版 者：山西出版集团·山西人民出版社
地　　址：太原市建设南路 21 号
邮　　编：030012
发行营销：0351-4922220　4955996　4956039
0351-4922127（传真）　4956038（邮购）
E-mail:　sxskcb@163.com　发行部
sxskcb@126.com　总编室
网　　址：www.sxskcb.com

经 销 者：山西出版集团·山西人民出版社
承 印 者：三河市南阳印刷有限公司

开　　本：710mm × 1000mm　1/16
印　　张：15
字　　数：200 千字
版　　次：2011 年 7 月　第 1 版
印　　次：2011 年 7 月　第 1 次印刷
书　　号：ISBN 978-7-203-07341-3
定　　价：32.00 元

目录
Contents

第三章　做创投，不进股市

第四章　看到小地方的大收益

第五章　借助“民间”的便利

第六章　不只赚“自己人”的钱

第七章　紧盯房产这块“肥肉”

附录

序言
Foreword

像"温州人"一样擅长赚钱

一个人会投资，我们可以说他脑子灵活，说他机遇好，说他肯吃苦。但一群人，无论七旬老太还是十几岁的青年人，无论男女老少，无论顺境、逆境，都善于投资，这就值得人们注意了。

"温州人"，作为一个群体性的名词，早已开创了全民创业、全民投资的经济发展模式，在全球创下匪夷所思的经济增长速度。更何况，自从2001年第一个温州购房团出现以来，温州资本以其特有的发展速度及震撼力，深深影响了所涉及的每个领域：房产、煤炭、棉花、水电、股市，等等，所到之处，无不带来一场不小的震动。温州人带给世人的，已不仅仅是"匪夷所思"，而是上升至"震撼"。

温州人，已不仅仅是一个地域上的人群，更是一种精神的象征，一种特殊的文化符号。随着国际化的进一步发展，温州资本更是蜚声国内外，一些国外知名企业都想借助雄厚的温州资本扩大国际影响力。

这就不得不令人深思：温州人和温州资本，究竟有什么独特的魅力，竟然对中国乃至世界经济领域掀起一场场地震式的震动？

多年以来，我长期跟踪研究温州模式和温州民间资本，组织温州人、温州资本奔赴各地考察，对温州现象、温州模式的成功，越来越清楚。温州人一贯的投资策略，也越来越清晰地刻印在我的脑海中。今天，我有必要将之公布于众，为更多的人提供便利。

这本《最牛投资客》，就是根据我多年来手中的资料写成的。书中择取温州人成功投资的经典案例，向人们展示温州人所惯用的投资手段，并结合彼时彼刻生活背景，分析温州人投资成功的因素，挖掘温州人做每项投资的真正意图，让人们了解到温州人的投资思维，开启温州人的财富密码。

不过，毫不隐瞒地说，温州人的投资方式，说白了也没什么大惊小怪之处。我将温州人那些经典案例摆出来，细细琢磨之后发现，其实温州人投资成功的根本因素一点也不深奥，一般投资者只要把握其精髓，完全可以做到——当我意识到这一点的时候，心中非常欣慰。因为这样的话，我们普通投资者就能掌握投资制胜的法宝，创造温州投资者那样的奇迹，成为经济领域的“温州人”。

例如，对一般的投资者来说，缺乏投资成本和难以发掘市场空白点，是两大难题。这样的难题，被奉为传奇的温州人同样也会遇到，但温州人却有办法打破“瓶颈”，通过一定的技巧成功跳出低谷。技巧非常简单，通过无形资本借力实现“空手套白狼”，可以解决第一个难题；通过投资别人不想、不屑于、不敢想的项目，温州人解决了第二个难题。至于具体怎样实现，书中有详细介绍。相信读者看完之后，会有恍然大悟的感觉：原来成功投资是一件这么简单的事！

然而，本书的价值又不仅仅止于告诉读者解决问题的方法，因为问题永远比方法多。即使读者知道一些温州人解决难题的方法，也不能从根本上解决自己所有的困惑。所以本书除了介绍一些常见的投资难题，还介绍了许多温州人的投资思路，让读者对温州人的投资方式，不仅仅“知其然”，更“知其所以然”，从中学到正确的投资思路，养成良好的投资思维，以后即使没有人指导自己投资，即使遇到一些他人所没有遇见的问题，也能自己发现投资窍门，解决自己的实际问题。

另外，对于温州人投资失策的地方，本书也根据温州人当时所处的国内、国际环境，还原其事件真相，分析其失策的原因，挖掘其本应该避开的投资陷阱，及获得了哪些经验教训，为之后的投资提供借鉴。读者虽然不一定会遇到此类投资失败的机会，但了解温州人失策的原因，对自己仍然有警示的作用。可以说，这是从反面例证出发，再次揭示温州人的投资思维。

总之，“温州人”之所以成为一种现象而绝非仅仅地域上的人群，原因是复杂的，人们平常所了解的温州人，如能吃苦、勇于冒险，自己虽然也能做到这些，但却未能真正成为“温州人”。根本原因在于仍然没有找到温州人致富的真正密码，造成了温州人能被模仿但却难以被超越的情况。本书就从这里出发，通过对温州经济和温州人创富的梳理，深层次地挖掘温州人除经营之外的创造财富的真正秘诀，让读者认识到温州成为传奇的真正原因所在，从而提高财商，复制甚至超越温州人的创造财富的模式，实现共同富裕、共同发展。

前言

Foreword

你也可以成为“温州人”

当人们过于关注一个地方时，往往会忽略其他地方的风景。对于温州与温州人，人们的认识也难免进入这种不全面的误区。

随着经济体制的变革，温州这个计划经济最薄弱的区域，逐渐演变成民营经济最活跃的地区。在追根溯源时，人们更多地将善于开拓的温州人，定义为创业者，并形容温州人“个个都想当老板，人人都是创业家”。

对于温州人身上所携带的创业基因，身处其中的我深信不疑也深有体会。已经创业成功的企业家们，还继续行走在守业和第 N 次创业的道路上；一批批耳濡目染的年轻人，也已经迈开自己的创业步子，或已经在创业的起跑线上跃跃欲试。

在民营经济发展壮大的过程中，温州民营资本这个原本分散的经济力量，也逐渐成长为不可小视的蚂蚁雄兵。8000 亿，是一个足够让人心跳加速的数目！

资本，从来都是一个容易引起人们兴趣的话题，须知，在其背后，却可能潜藏数个不为你所知的元素。正如人人可能都知道温州人是创业者、企业家，却未必都知道，他们还有另外一副面孔——投资者。

在原始积累初期，温州企业家将自己最突出的优势当成划开市场的利刃，成功地进入市场；在完成原始积累之后，开始着手构建一个完整的企业；在企业达到一定规模之后，温州人携带着巨额资本，凭借其天生敏感的投资嗅觉，迈开了投资的脚步。

人有2只脚，钱有4只脚，钱永远跑得比人快，与其人追钱，倒不如让钱追钱，温州人明白，在经营企业让人追钱的同时，还要用钱去投资，让钱生钱。

哪里有利润，或者仅仅存在可能产生利润的土壤，温州人都会毫不犹豫地冲向此处。于是，在全国排山倒海的民间资本阵营中，温州人与温州资本在投资时，表现出先知先觉的过人之处，以拓荒者的姿态出现在一个又一个投资领域，而且，它还总是具备一种气场，能够将所到之处、所投入的领域，搅动得风生水起，令人侧目。

1998年，随着房改制度的一声令下，温州人将商品房自由买卖当做可以投资的信号，勇敢地踏上房产投资之路。后来，中国房价的步步高升，既为温州人投资成功做了最详细的注脚，也让钵满盆盈的温州投资者成为众人效仿的对象。

2002年，全国能源紧缺，煤炭价格更是飞涨。钱多人且聪明的温州人，又一次勇敢把握住投资机会，浩浩荡荡涌入这片投资宝藏，当然，也挖到了想象中足够多的“财宝”。

……

早在2009年之前，温州人就开始忙着做创投。2010年9月，已经大约有1500亿元温州资本进入创投行业。截止到2011年2月，整个浙江创投管理资产规模已近60亿元。

对人们而言，这或许是广为熟知的温州投资，有些可能也是最被诟病的投资。我们暂且不掺杂过多的考虑因素，仅从投资层面来说，从投资所获得的回报来看，以上的每项投资，都堪称一种精准的选择。

选择，虽然可能只是瞬间就可以完成的工作，在其背后，却可能是一种费时费力的综合考虑和权衡。

投资，要看清市场供给与需求之间的比例，一种为人们所必需的物资，价格肯定只能高不会低，在城市化进程加快的今天，有限的房地产，就是供不应求的物资，预测到这一点，温州人才投资房产。

物以稀为贵，是投资中一条已经成文的规则，煤炭与黄金、白银一样，都是稀缺性的资源，而且是广为所用、暂时无法被取代的资源，与满大街的平常物资相比，自然更具投资价值。

企业发展与融资难是一对存在已久的矛盾，温州人创办企业时，就曾遭遇到这种迷茫，但这并没有阻碍其大踏步前进，由此，温州人也看到了“投入一滴水，收获整个大海”的可能性。

临渊羡鱼，不如退而结网。但是，“结网”之后立即去“撒网”还不足够，还要学会选择“撒网”区域，即去哪里投资，如何去投资。

只有掌握和了解温州人每项投资背后的真正意图，了解温州人的投资思维，才有可能开启温州人的财富密码。

以温州人投资水电站为例，这只是温州人的一种具体投资项目，投资者没必要跟风温州人投资水电站。且不说一般的投资者能否有足够的资金能力去支撑这项耗资巨大的项目，这种盲目跟从的投资习惯，本身就是一种投资忌讳，容易造成同质化竞争，增加投资风险。

投资者真正需要关心的是，温州人为什么投资水电站，而不是怎样学习温州人投资水电站的方法。只有这样从深层次上掌握温州人的投资思维，才能真正挖掘温州人成功的因素，做到“青出于蓝而胜于蓝”，而不是“亦步亦趋”总是跟在温州人后面，分得残羹冷炙。

每个人手里掌握的资金，所遇到的境况可能千差万别，面对的选择也不尽相同，但是，掌握了正确的投资思维，复制甚至超越温州人创造财富的模式，就不再只是梦想，而是一种近在眼前的可能。

1 第一章 温州人的财富密码

●温州人有钱！几百人的“太太协会”，就轻松凑出几个亿；大学校园里随处停着宝马、奔驰、凯迪拉克等豪华车；买黄金就跟买菜一样随便。

●求财别求稳，求稳不求财。阿富汗战火中，温州人敢和塔利班做生意！

●所有温州人的共同梦：当老板，哪怕只是一个卖扣子、卖打火机的老板。

●与其跟进市场，不如引领市场；与其追求小利，不如追求最大化的利润。

●该吃就吃，该玩就玩，该应酬就应酬。人脉关系越来越广，结交的朋友层次越来越高，才能更容易赚钱。

●钱不能放着，一放就贬值了；宁愿欠债，也要让资金流动起来。

温州人有钱，地球人都知道

温州人，有钱！这是地球人都知道的事。

他们究竟有钱到什么程度呢？看看下面的场景：

温州大学生活区那些停放着的私家车，悍马、宝马、奔驰、本田、丰田、别克、保时捷、凯迪拉克，还有各种越野车……

也许你会问："有车怎么啦？这年头有车一点也不稀奇！"可你知道吗？这些车的主人都属于温州在校大学生，保安们不得不为他们配发一些专用通行证，以防与家长和老师的车区分不开。而其他地方的大多数大学生恐怕买辆自行车就不错了。

某地温州人组织了一个"太太协会"，入会女士大约几百个人。这几百个人中，绝大多数太太都是年薪50万元以上的"富婆"。据说，这个"太太协会"轻轻松松就能凑出几个亿。

虽然现代社会提倡男女平等，但在国人的传统观念里，女人一般没有男人挣钱多。在一个群体内，女人挣钱超过男人的只是偶然现象。社会的主流仍是：男人挣钱比女人多。

所以，看到这么多有钱的温州太太，你是不是可以假想一下，温州的男士应该更有钱？其实无论温州男人还是温州女人，都很会挣钱、很有钱，有钱的温州人多如牛毛。

中国近代史是一部血泪史，被洋人杀的中国人多如牛毛。但有一个地方，洋人一般不敢轻易骚扰，那就是温州人的祠堂。

因为温州人财大气粗，所谓“经济基础支持上层建筑”，有钱人的身份地位似乎就显得尊贵一些。洋人也怕有钱的温州人。

温州人养活了一批经济专家，这批专家整天都在研究所谓的“温州模式”、“温州现象”，整天在琢磨温州人为什么有钱，顺带的，温州人的历史、地理、心理等各方面都被当作研究对象调查起来。

“温州人有钱”已经成为这个社会普遍的现象，成为一种共同认知，这种现象就类似小说《红楼梦》，其中的奥秘永远也探讨不尽，所以有些人便干脆以研究温州模式为业，“温州人”也变成了一个带有特殊文化意味的词语。

如果说美国人是害怕犹太人的——因为美国虽然很富有，但财富通常都被犹太人赚取了，那么近年来，犹太人开始害怕起温州人来了。

犹太人号称是世界上最会赚钱的民族，但温州人的赚钱本领丝毫不逊于他们，甚至有时候还会超越他们。以巴黎为例，近20年来，在巴黎的温州人已多达15万，他们在巴黎第二、三、十一区和犹太人展开商业竞争，温州人独有的做人、做事方法越来越吸引消费者，犹太人多年经营的市场已经被逐渐蚕食，成为温州人的领地。

温州商人是世界上资本积累速度最快的人群。

据统计，20世纪五六十年代，日本是全球经济增长速度最快的地方，年平均速度为8.6%。80年代之后，中国成为全球经济增长速度最快的地方，年平均速度为9.4%。而与此同时，温州的年经济增长速度则平均高达15%~20%！这个速度还只是平均速度，年增长速度高达50%~60%的温商比比皆是。

温州人敢投资房产、投资地皮、投资煤矿、投资造飞机、投资造汽艇等一般人不敢轻易冒险的行业。

温州人全民经商，连走路颤巍巍的老阿婆都会挣钱。

温州人捐钱毫不心痛，随手一挥几十万、几百万就捐出去了。

温州人借钱给别人，经常不需要借条，即使是很普通的朋友。

……

我们能找出很多温州人有钱的例子，正如温州人有很多种挣钱的方法一样。

温州人这么有钱，我们怎能不羡慕，不好奇？为什么他们这么能挣钱？为什么我们不像温州人那么有钱？为什么在同样的环境下，我们却没有他们那样好的运气？世界各地都有穷人和富人，为什么温州人却是群体性的富有？

为什么？

萨特说："存在即合理。"温州人群体性有钱，必然有产生这种现象的原因。

什么样的原因？下面这个小故事也许提示了一二。

熟悉纽扣市场的人，肯定会知道温州商人邹文聪。

与大多数温州人一样，邹文聪中学毕业之后就开始投资创业。由于家里比较穷，无法资助他，他就借了100元钱，从纽扣市场进了一批货，开始了人生的第一笔生意。可是他做生意的方式，可能大多数其他地方的人都没法接受。

当时，一颗纽扣只能赚几厘钱，邹文聪不嫌利润少，背着包大街小巷地推销。没有固定的推销场所，也没有固定的顾客，他遇到一个集镇就停下来摆几天摊儿。然而这还不是最辛苦的，最麻烦的是遇到城管或者当地人的排挤，一有人找茬，他就立刻卷起包逃走。这样艰苦的条件，他却从没想过改行做其他的。当包里的纽扣快要卖完的时候，他就开始背着包往回走，到达温州老家的时候，包里的纽扣刚好卖完。接着，他用赚来的钱又进了一些纽扣，按照老方式接着到处推销。

温州人从不嫌弃小钱，也从来不嫌麻烦，靠着这样琐碎的投资方法，邹文聪的本钱越来越多，做生意的门道也越来越多。终于，积累了几年，这位游街串巷的纽扣商人终于找到了一个大市场——投资大连服装，也终于有了自己的第一群庞大而固定的客户。他很快就在大连盘了一家店面，开了一个纽扣加工厂，专营纽扣的销售与加工，算是初步实现了创业成功。

看到这里，你也许会恍然大悟：原来是因为温州人不怕麻烦。这个简单，我也能做到！但辛辛苦苦不嫌麻烦就一定能发大财吗？为什么世界上还有那么多劳累一生但却一无所获的人呢？

接着看案例，还是温州人。

这些年，美国经常对阿富汗进行军事打击。为了确保边境地区的安全与稳定，中国政府曾经临时关闭过中国和阿富汗之间的边界贸易。而一向以大胆著称的温州人似乎无视在阿富汗做生意的危险，在那里的生意也从来没有停止过。

在阿富汗战火稍停的时候，一直在巴基斯坦做生意的温州人金向东与方圣平，从巴基斯坦转战到阿富汗寻找商机。当时，阿富汗依旧很混乱，经常有人趁乱打劫，外地人到那里做生意很困难。善于标新立异的金向东与方圣平，以每天每人相当于150元人民币的薪水，聘请了4个荷枪实弹的阿富汗民兵，专门护送自己做生意。

一般乱世求财是比较容易的，温州人的精明让金向东与方圣平很快就发现了投资项目——为塔利班提供低压电器，很容易就收到塔利班价值数百万美元的订单。

当然，他们担的风险也很大，金向东与方圣平由于不经允许对阿富汗路人进行拍照被抓了起来，多亏与客户的关系好，塔利班的水电部长出面，他们才逃过一劫。即使如此，他们在阿富汗做生意的激情仍然没有消退。看来，阿富汗的温州人，不到最后关头恐怕不会撤离。

在危机中寻找商机，这招你会吗？

温州人那些看似或简单或复杂的“生意经”，其实并不像我们表面上所看到的那样。

总之一句话：温州人很有钱，温州人挣钱的方式很多，唯有用心钻研其中的诀窍，你才可能成为有钱的“温州人”中的一员。

投资是温州人的财富密码

提起“温州资本”，稍微懂点经济学的人会不由自主地睁大眼睛，竖起耳朵；而各省的政府官员们，则可能会倒抽一口凉气，然后赶紧召开省级干部会议；再外行一点的人，可能摇头叹气道，不要相信温州资本，温州资本只是个传说。

温州资本怎么了？究竟什么才是温州资本？

知道“温州炒房团”吧，很多温州商人抱团在各地买很多房子，而且大多数都是一次性现金付全款。房价上升之后，他们就跟开发商一起赚钱。买房子要花很多钱吧？可他们总有办法一下子付清全部房款，更有钱的甚至能一下子购买多套房子。买房子所需要的这一大笔钱，就是温州资本的一部分。

类似的，还有温州炒棉团、炒煤团、炒油团等。“炒”这些商品所用到的钱，都属于温州资本。各省级政府官员之所以担心各种温州“炒团”，就是害怕温州资本涌入本省，扰乱正常的市场行情，因此积极出台相关政策打击这种炒作行为。如山西省出台的有关政策，就导致很多进入的温商无法抽身。

不提这些所谓的炒房团、炒棉团、炒煤团、炒油团等造成了什么危害，单看温州资本之巨，的确让人咋舌。人们不免要问：温州人怎么有这么多钱？

财富的密码，就在于投资。

这些各种炒团本身就是一种投资，是更大的投资，我们一般人想不到的投资。而他们投资所用的这些钱，就是早些年投资所赚到的钱。前面我们曾提到过，温州商人是世界上资本积累速度最快的人群。他们就是通过这样利滚利的投资方式，使钱像雪球一样，越滚越大，越挣越多。

这样说也许你仍然不太明白温州人的致富秘诀，那就将温州人和我们一般大众做个横向对比，对比的时间就放在 10 年前，那时候普通居民对投资还不太敏感。

比如说，我们手头有 5000 元钱，通常我们会将这笔钱存到银行，等着它生利息。

假设温州人手头也有 5000 元钱，他们通常不会将钱存进银行，而是会到市场上转一圈，看看什么物品比较稀缺，然后就进货回来卖。

结果呢，一年之后，我们手中的 5000 元钱仍然是 5000 元钱，多出来的只有百八十元钱的利息。而温州人呢，此时他们那 5000 元钱可能已经变成 8000 元甚至一两万了。

这就是差距。

当然，相当一部分人对投资的概念有一定的了解，但与温州人比起来，我们毕竟对“投资”一词的认识少了很多年，当然也少赚了很多钱。那些炒棉、炒煤、炒油的温州人，之所以很有钱，是因为他们过去二三十年的投资积累，财富已经积累到一定的程度——据说温州的民间资本已经高达 6000 多亿元！

尽管他们已经这么有钱了，但是敢闯敢干的温州商人仍旧携着自己的巨款到处寻找投资机会，他们已经将资本转移到海外，打算在国外筹办银行，进军海外金融业。可以想象，他们的“大雪球”肯定会滚得更大。

看到这里，你也许会有点气馁：现在信息发达了，投资环境好了，大家都知道投资赚钱更快，我这点小钱还不够打水漂呢！怎么能发大财呢？

——无时无刻都存在的投资精神是开启财富密码的钥匙。

大家都知道“阿里巴巴和四十大盗的故事”，阿里巴巴只需在山洞前说一句：“芝麻，开门吧！”藏满珍宝的山洞就会应声打开。

试问，一般人要想拥有里面的金银珠宝，需要什么条件呢？

至少要两个条件：1. 找到那个大洞；2. 知道暗语这把神奇的钥匙。而且最重要的条件是那个暗语，否则就是拿到财宝也走不出去，只能像阿里巴巴的哥哥一样被困在里面。

投资也是这样的，你若想拥有财富，至少也要满足两个条件：

1. 明白财富不是凭空出现的，而是通过投资一点点积累出来的；

2. 需要知道开启投资之门的暗语，那把可以让你顺利接近财富的神奇钥匙。

这把钥匙，就是投资精神，无时无刻不在的投资精神。

那么，什么是投资精神？

有人给温州资本加了一个定语，叫做“闲不住”的温州资本。“闲不住”，多形象！温州人从来不会让钱躺在一个地方不变化，而是不停地让它生出更多的钱。因为你投资，或者不投资，钱就在那里了，不增只减。社会总财富在增加，物价总趋势是上涨的，同样的1000元钱两年前你能买到的东西与两年后是不一样多的。要避免财富贬值，只能将钱变成财富，使之随着物价的上涨一起增加，或者增加得更快。

可是这种投资精神具体要怎样运用呢？看下面一则案例。

温州女大学生贾樟柯最近发了一笔小财。

事情是这样的。一年前，贾樟柯的一个同学的男朋友在老家开了一家小型的农家宾馆，适合旅游者暂住。随着旅游资源的不断被开发，当地也越来越热闹，眼看宾馆的发展前景不错，同学的男友就想对现有的设施进行一番改造，但苦于缺乏资金，一时无计可施。

贾樟柯知道后说："怎么不找我呀，我有钱可以借给你们。"

同学欣喜若狂，自然答应，但贾樟柯有个条件：这笔钱不是借的，而是以入股的形式投进去的，一年之后她要分红。同学的男友急用钱，当然一口答应，况且这也不是什么过分的要求，毕竟这年头一个陌生人肯出钱给你用，已经是非常值得感激的事了。

后面的事情进行得很顺利，贾樟柯与同学的男友签好协议，注明自己的出资额及币种，明确了自己的权利及义务，一年之后果然拿到了分红。

连贾樟柯这个还在读大二的女大学生都知道入股分红，而且很明白要办哪些手续，签哪些协议，由此可见温州人的精明。但她的精明不止于此。她其实跟其他同学一样，不是特别有钱。她出资的那部分钱，是她当年的学费，而她当年的学费，则靠申请助学贷款解决的。这样倒腾来倒腾去，她既没耽误交学费，又白白赚了一笔分红！

贾樟柯的故事够典型了吧？即使手头没有钱，温州人也会想方设法去投资。

连温州大学生都能空手套白狼投资个小项目，有钱的你还找不到投资方向吗？

关键是要有投资精神，让这种精神像呼吸、吃饭一样，成为维持生命不可缺少的部分。要达到这种境界，首先要信仰"投资"，时刻以"利滚利"的信仰规范来约束自己，这样才能指引着你在做每项决定的时候都能想到预期收益，然后才有可能获得预期利润。

总之，人人都追求财富，但发财不是嘴上说说那么简单，当然更不能一味地蛮干。财富的大门上了密码锁，只有有心人才能找到开启这把锁的金钥匙，温州人已经找到几十年并且触摸到财富了。你的财富，就在某个山洞里锁着，等着你去与它亲密接触。

投什么，什么就发烧

《格兰姆全传》里有这样一则笑话：

一位石油探勘者死后升入天堂。

圣·彼得拦住他说："你的成就足以让你登上天堂，但你发现了没？天堂里已经没有给石油工作者居住的空间了，我没办法再将你留在天堂里。"

石油探勘者想了一会儿，问圣·彼得："我能不能跟已经居住在天堂的同行们讲一句话？"

这个要求不过分，圣·彼得同意了。

这个石油探勘者果然只对同行们讲了一句话，他大喊道："地狱里有石油了！"

他的话音刚落，居住在天堂里的那些同行们，一窝蜂地跑出来，纷纷向着地狱的方向跑去。天堂里从事石油工作的人就剩下那一名石油探勘者，于是圣·彼得就邀请他到天堂居住。

没想到这位石油探勘者迟疑了一下，谢绝了，他说："万一地狱里真有石油呢？"

圣·彼得听后目瞪口呆。

这个世界确实有一帮人，而且是相当多的一帮人，喜欢凑热闹。人家做什么，他们就跟着做什么，结果就像那位倒霉的石油探勘者一样，总是被挤得找不到自己的空间。但不可否认，也有一些精明的人，他们不喜欢跟在别人后面起哄，有自己独立的思考，甚至有时候，可以利用自己强大的吸引力吸附别人，让别人跟在自己后面以壮声势。温州人就属于后者。

在投资的时候，有一部分被称做“捡现成”的投资者，他们不敢冒险，不敢折腾，很少主动挖掘市场，看到什么生意比较火、什么项目比较赚钱，就跟风进去，与大家抢一杯羹，结果不但自己只能分得很少一点利润，还惹得同行憎恶。

与一般人“什么火投什么”截然不同，温州人总是“投什么什么火”——从席卷全国楼市的“炒房团”，到征战山西的“炒煤团”、出击新疆的“炒棉团”，乃至后来的“炒油团”、“炒电团”，莫不说明了这一点。

为什么温州人能屡创奇迹？主要有三大因素可以解释：

1. 温州人敢于冒险。

一般人在投资时的思维是：要稳，要可靠，如果没有前例可循，尽量不要涉足，否则砸场了怎么办？

温州人通常却这样想：这个领域没人投才是好事，说明没有人跟我抢利润。

难道温州人不怕万一血本无归吗？

做事前怕狼后怕虎的人，是很难成就大事的，无论在经济领域还是在官场，抑或在其他行业，莫不如此。

有“民营资本进入航空业第一人”之称的温州商人王均瑶，因为“有超人的胆识和魄力”（美国《纽约时报》），从一名普通的温州青年成为经受市场经济洗礼的优秀企业家，印证了胆识与成功的密切联系。

1991年春运期间，王均瑶一边坐着大巴车回老家过年，一边感叹着汽车的速度太慢，有人开玩笑说：“坐飞机快，你倒是包个飞机飞回去啊！”说者无意，听者有心，王均瑶听到这里，不禁对飞机动了“歪心思”，真的琢磨起包飞机的事来了。

想到哪就做到哪。王均瑶立刻对客源展开调查，同时向湖南民航局递交了一份报告，表示自己想要承包长沙至温州的航线。

私人包航线，这在当时还是异想天开的事，湖南民航局根本就将这份报告当做笑话。但王均瑶非常坚定，不但反复强调此事的可行性，而且还尽力打消民航局的疑虑：“风险我自己承担，民航局不用担一点风险。我可以先交几十万押金，等于我提前已经将风险给承担下来了，这样民航局就不用担心有任何经营风险。”经过反复讨论，王均瑶跑了很多部门，盖了无数个章后，双方终于达成了协议。当年，长沙至温州的航线就这样开通了，当从长沙起飞的客机平稳地降到温州机场后，胆大的王均瑶终于以实际行动证明了私人包航线的可行性。

为了进一步拓展生意，王均瑶还创办了温州天龙包机有限公司，这是中国第一家民营包机公司。2002 年，已经在这个市场做出了一番成绩的王均瑶将自己的均瑶集团参股中国东方航空武汉有限责任公司，成为国内首家参股国有航空运输业的民营企业。第二年，均瑶集团被政府批准获得民营企业购买机场的权利，这也是中国首次批准这样的投资。

在民营投资航线这件事上，王均瑶创造了多个中国第一，其胆识，用“一时无二”这个词似乎不足以形容。每每谈及此事，王均瑶都压抑不住激动：“（从此）我的个人形象、人生道路都改变了！如果说人生是个大舞台，那一天，作为一名演员，我面试合格，被允许登场。”

王均瑶的事迹再次证明了一个真理——第一个做某件事的人总是被人们记住，成功属于第一个吃螃蟹的人，火的也是第一个人，从众者往往被湮灭在众人中。

2. 温州人很抱团。

说起上海“斧头帮”，不但旧上海的人闻之变色，即使今天的人从影视中看到他们，依旧是又惊又怕。——你想象一下《功夫》中杀向周星驰的那些腰别利斧、统一着装的拼命三郎，即使你身怀绝技，看到这场面，是不是也会不寒而栗？我们觉得恐怖的不仅是“斧头”，而且是“很多很多”斧头，那场面太震撼了。

温州人在经济领域也打造了一个个“斧头帮”，如温州炒房团。第一个温州炒房团共157人，他们三天从上海买走了100多套房子，将5000多万元现金砸向上海楼市，引起了不小的震动。与此同时，另一些温州老板们也纷纷结盟，组成炒房团，前往全国各地房市。他们每到一处，都在当地楼市激起千层浪。各种温州炒团就是这样火起来的，他们想组成炒什么团，什么商品就立马火一阵子。

且不说那些已经火了的各种炒团，就是小规模的抱团赚钱，温州人也足以令人生畏。如山东临沂有一个万博红服装城，这里如今已经是山东档次最高的服装批发城，生意很火。这个批发城的老板就是几个温州人。他们原来只是在柯桥经营布料生意的，当考察了临沂的市场之后，几个人一合计就合伙建起了服装城。所谓“兄弟同心，其利断金”，两年时间内，他们就获得了上亿元的利润。

四处飘零的温州人，虽然每到一处在人数上都不占优势，但凭着手中的巨资和这种抱团精神，打下了一片片天。抱团不仅仅是一种合作关系，更是一种团队精神，传说狮子什么都不怕，就怕狼群，因为狼群是一个团队，而团队配合好了有$1+1>2$的效果。

温州人深谙其中的道理，所以每到一处，首先寻找温州商会，寻找温州同乡，大家抱团合作，互相帮助，形成一种十分震撼人的力量。也许，这就是为什么温州人四海为家却很少有“独在异乡为异客”的自怜情绪的原因之一。

3. 温州人有巨资。

都知道温州人有钱，但有钱到什么程度？钱对于他们来说，作用已不仅仅是满足生活的需要，而是一种可经营的事业，投资就是以“钱”

为主角的大事业。

周德文说："温州百姓手里的流动资本约6000亿元，投资几乎是屡战屡胜。"温州的民间资本究竟有多少？除了6000亿的说法，还有人认为更多，7500亿、8000亿。这些数据也许随统计时间的不同或地点的变更有所变动。不过数据的多少不是问题的关键，关键是温州人确实是巨资的拥有者。

由于近几年投资煤炭、棉花的失利，温州资本一时没选好更惊心动魄的投资项目。针对于此，2011年，温州市外经贸局发布了《温州市个人境外直接投资试点方案》，一时间引起国内外经济学专家、媒体、温州资本拥有者的广泛关注，尤其是温州的老板们，都很想知道这个方案的可操作性。

由此可见温州资本的庞大。可是，有巨资，就能炒什么火什么吗？

俗话说：有钱好办事，有钱就有能力操控市场。

有些网民不客气地说，温州人太可怕了，他们炒什么什么就涨价。

以炒房团为例。通俗地讲，开发商盖好房子，一般人购买力不足，房价就上不去，房产市场就处于低迷期。但温州炒房团来了，他们身怀巨资，毫不在乎房价，一口气就买了几十套甚至上百套，而且都是现金交易。这就给房市带来一种假象：人民群众的购买力上去了！房市火了！于是开发商就提房价，已经成为温州人财产的房子自然也跟着增值。于是开发商又放出话来：现在购买房子是可以增值的，于是原本没有购买力的普通人，就像奔赴地狱的石油探勘者一样，一窝蜂地将钱投向房市，房市看起来就更火爆了。

温州人因为有巨资，所以投资的时候毫不犹豫，大笔巨资砸向哪个领域，哪个领域就会震动一下。可怕的温州人，就是这样可怕起来的，巨资是他们操纵市场的致命武器。

因为敢于冒险，因为抱团，因为手中有钱，所以温州人就成为一种可怕的"势力"，这种势力让他们在投资领域无往不胜。再加上温州人敢于吃苦的精神、与人打交道时的诚信意识、对金钱那种近乎信仰式的渴求等因素，就让已经很强大的“温州势力”变得更传奇。诸多有利的投资因素，共同造就了温州人“投什么，什么就发烧”的神话。

不是在投资，就是在去投资的路上

稍微关注一下温州人，你就会发现，他们天生对投资充满热情：一会儿投资房产，一会儿投资地皮，一会儿投资煤炭，一会儿投资棉花，一会儿又忙着去投资古董字画，一会儿可能又投资飞机、汽艇……总之，他们总是以人们难以想象的激情在投资，不是正在投资，就是正在投资的路上，或者正在研究哪一步投资、哪一种商品更有投资价值。

为什么温州人这么热衷于投资赚钱？

一位叫做田福东的温商说："人们不常说'人活一张脸'吗？大家做什么事都是要考虑自己的脸面的。我们温州人也不例外，只不过我们的脸面是有钱，有钱才是一件有面子的事。"

也就是说，投资是温州人的财富密码，面子是温州人的成功密码。温州人之所以这么看重投资并且屡屡成功，全是因为面子在作祟，投资赚钱对他们来说是一件有面子的事。赚钱、投资几乎已经可以当做温州人的一种特殊"信仰"。因为在他们看来，没钱不是缺米少盐，也不是缺衣少食，没钱是无能、是罪恶——如果我们一般人认为偷窃、抢劫是要下地狱的，那么温州人可能就认为，没钱也是应该下地狱的。而最快的挣钱速度，就需要依靠投资，正如我们在"投资是温州人的财富密码"中所说，利滚利，将钱像滚雪球一样越滚越大，资本积累速度就会越来越快。

在这种“信仰”的支持下，每个温州人都怀着赚钱的激情，都有着创业的冲动。为此，无论男女老少，大家都不怕走遍千山万水，不怕说尽千言万语，不怕历尽千辛万苦，只是想千方百计找到生财之路。

美国浙江温州工商总会名誉会长朱海风曾经讲了这样一个故事：我曾认识两名年龄相当的女孩子，她们一个是温州人，一个是上海人，都在美国读书。她们的生活方式有很大不同。那个上海留学生，读书的时候就老老实实呆在学校，毕业后在外面租了房子，找了一份不错的工作，工作之余就是逛街、去酒吧玩耍。那个温州留学生，读书的时候就从学校里搬出来租房子住了，课余时间她打了两份工，后来她有了积蓄，就开始做点小生意，再后来，她就更有钱了，贷了一点款买了几百平方米的房子，还有了自己的店铺。

这个案例也许不足以说明温州人为什么有钱，但我们从中却能够看到他们的“求财精神”。纵观国内大部分学生，有几个是求学时代就着手赚钱、着手构建自己事业的？温州人，从小就被灌输着挣钱才是王道、才是面子的理念，所以只要有机会，他们就会选择投资这条生钱速度最快的捷径。

然而“面子”并不是温州人对投资发烧的唯一动力，“老板”情结是投资的更大动力。如果说有钱是一件有面子的事，那么当老板是一件更有面子的事。

有一则笑话是这样讲的：有一段时间全国下岗职工很多，各地的官员都在绞尽脑汁地想法安排这些人。温州的官员也在发愁，他们发愁的是，怎样贯彻执行国家关于下岗职工的优惠政策。因为温州根本就找不到下岗职工，所有人都想自己当老板，国家的优惠无处可发放！

所有的温州人都有一个共同的梦想：当老板，哪怕只是一个卖扣子、卖打火机的老板，他们也不嫌弃。如果谁不小心成了一名打工者，那么即使他属于管理阶层、属于高级打工者，也会觉得没面子，浑身不舒服，业余也要找点小生意做，证明自己是一名老板。

“老板”一词，字典里有一条是这么解释的：私营工商业的财产所有者；掌柜的。说白了，就是一个单位、企业最有钱的那一位，而其他“非老板”相对来说就是没钱的，都是打工者。都说温州人从小四处闯荡挣钱，文化水平不高，可对于“老板”一词的理解，温州人已尽得其精髓。在“有钱就有面子”的信仰支持下，他们果断地选择了“老板”这一有“钱途”的职业。

“老板”一词还有另一个解释：决策者或下指令者，他们有权决定钱的流向，是一个企业的主宰。钱可以用来干什么？有的人选择用来吃喝玩乐，享受生活；有的人选择用来挥霍，一掷千金；有的人选择用来显摆自我。温州人选择了钱生钱、利滚利。

选择之后，就是执行。于是没钱的温州人用小钱投资小生意积累资本，有钱的温州人用大钱炒房、炒煤。结果，无论是仅有小钱的温州小老板还是拥有大钱的温州大佬，他们的钱都在翻番地增长，温州资本就这样越积累越多。

促使温州资本产生地域效应的，不仅仅是由于温州人独特的面子观和“老板”情结，更因为所有温州人普遍对投资感兴趣，温州人在中国可谓开创了一个“全民投资”的先例。

早在20世纪八九十年代，温州青壮年都出去闯天下了，家里只剩下老阿婆们。不过，这些老阿婆们一点也不“老眼昏花”，反而精明得很。

走在温州的大街小巷，你会发现几乎家家户户门口都有一个“迷你超市”，超市里的商品非常简单：几包香烟，几块面包，几个打火机，还有从家里扯一根线拉出来的公共电话，那些老阿婆们，就是这些“迷你超市”的小老板。

投资成本并不大，南来北往的路人只要有需要，顺手就能买到想要的东西，方便得很，而且花费也不多。一个月下来，老阿婆们的生意不一定多红火，但养活自己应该还凑合——即使不足以养活自己，至少可以补贴一下家用，或者给自己买点日常用品。温州老人的所作所为，很好地诠释了“发挥余热”这个词组。

还有温州的女人们，她们投资赚钱的热情丝毫不逊于男性。“温州太太炒房团”就是楼市的一个传说：她们买房就同买菜一样，来去一阵风，豪掷千金。这是温州女人有钱之后的投资策略。而在资本积累不够的年代，她们就像男人一样忙着创业和打拼，曾经的全国热播剧《温州女人》就是对温州女人现实生活的写照。

温州的少年、中青年男人就更不必说了，只要有机会，只要手头有一点钱，他们就会拿来做本钱，投资创业。手头钱多的温州人更不必说，那一系列的“炒团”既是他们实力的证明，也是他们投资热情的体现。

由此可见，与其说温州人实现了全民创业，不如说温州人实现了全民投资。如果说一般人的生活是由工作和休息组成的，那么温州人的生活就是由投资和休息组成的。正是这种来自骨子里的投资精神，让他们创造了一个又一个神话，书写了一个又一个传说。

投资路线要顺势而变

也许，下面一段历程更能说明温州人的投资精神：

2001 年，第一个温州炒房团诞生，157 名温州商人浩浩荡荡奔赴上海房市，温州资本首次进入人们的视野。此后几年，陆陆续续有 2000 亿元温州资本涌向全国一线或者二线甚至三线城市，甚至远在迪拜、越南的房地产市场也有温州炒房团的身影。

2002 年，煤炭价格上涨，温州资本又大规模杀入煤市，据说山西省 60% 的中小煤矿都被温州资本收购，“温州炒煤团”应时而生。

2003 年，棉花市场收购价放开，50 多亿元的温州资本涌进新疆棉花市场，形成了所谓的“温州炒棉团”。

仍旧是 2003 年，电力紧缺之际，几十亿元温州资本进入四川、重庆等水电资源丰富的地区，温州人开始投资建设小水电站，于是投资市场上又冒出来一个“温州炒电团”。

2005 年，1000 亿元温州资本进入股市，闹哄哄的股市被激起朵朵浪花。

2006 年，温州资本进入有色金属矿产领域。

2007 年，西部油井也沾染上温州资本的“贵气”，“温州炒油团”成为投资市场的一个新名词。

近年来，温州人还投资过大蒜、生姜、黄金、古董、地皮、飞机等，可谓无所不投。尽管温州资本也有被套牢的时候，有时风险极大，但温州人的投资热情似乎从来没有被磨灭过。他们通过不断变换投资目标改变了自己的命运，也丰富了投资市场，为这个原本严肃枯燥的市场创造了许多娱乐话题。人们在津津乐道的同时，也常好奇地猜测一番：明天，温州人准备“炒”什么？

2008年之前，几乎所有的中国企业都在打“奥运”牌，以奥运的精神来引导市场，温州人也不例外。但他们所投资的项目利润更大——房地产。他们打着“住奥运房，看奥运赛事”的口号，在奥运赛事进行得如火如荼之时，也赚得盆满钵满。而奥运结束之后，温州人似乎意识到了经济的不景气，又及时将资本从北京房地产市场中撤出来。

对于温州人这群以“赚钱”为信仰的人来说，投资的唯一标准就是有利润。也许你会说，只要不是傻子，都知道将钱投在有利可图的地方，但怎么找到这些地方呢？

温州人“有利可图”的目标是很明确的，如上面所说，一旦发现北京房地产有下滑迹象，立刻撤出资本。可并不见得所有人都是这样做生意的，有的人喜欢在一个领域里死磨，不管这个领域目前的状况怎样，他都会尝试着坚持下去。温州商人就不是这样的，他们更“急功近利”。

石家庄的一条巷子里，原本有两家定做羽绒服的店铺。首先开店的是温州人，在大家都以为人们喜欢买牌子羽绒服的时候，他首先在那条巷子里创建了“山寨版”的羽绒服加工厂，由于价格便宜，生意很不错。

当地人看到后，也跟着做起羽绒服生意，而且由于当地人的人脉好一些，温州人的生意几乎被抢走了一半。温州人很快将店里的东西低价转让，改开“DIY”店，专门经营手工材料：丝网花、毛线、中国结、各种手工制作书及工具等，当然还有老板亲自设计的一些漂亮物件。

一般人不会想到这种生意能火起来，他们低估了现代人的动手能力和意愿，尤其是一些上班族和学生，有事没事都喜欢去店里转一圈，买些材料回来自己做个小兔子、小饰品，挂在包包上或者送朋友。更重要的是，这种小东西的价格竟然都卖得很贵，温州老板说这是时尚、牌子，目前国内只有真正有内涵、上档次的人才玩“DIY”。

再后来，这条巷子里跟风的人又多了，很多“DIY”都冒出来。温州老板又在自己店里加了“格子铺”：顾客买店里的东西，做成漂亮物品放在格子铺里，店主会帮忙卖出去，期间只收取租格子的费用。再后来，同行又多了，温州老板又改变了投资方略……

总之，温州老板总是极力避免跟同行恶性竞争。他所追求的大多是没有竞争的最高利润，当一有竞争或者低迷的苗头，立刻改变经营路线。

这又引出另一种现象——与其说温州人紧跟市场，不如说温州资本在引领市场。

一部分人认为，温州人之所以能快速发财，是因为他们时刻跟进市场脚步，什么东西赚钱多就去投资什么。这话说得固然不错，但另一种说法似乎更妥帖：与其说温州人在跟进市场，倒不如说温州人在引领市场，与其说他们在乎的是利润，倒不如说是利润的“最大化”。

温州人总是有办法成功引领市场，这与他们的胆识是分不开的。温州人素来胆大，敢于走在国家政策的前面，而政策是市场的导向，往往蕴藏着巨大的财富。据说，每一个成功的温州商人，都会将每日收看《新闻联播》当做必须执行的“军规”，每一项国家政策细微的变化，敏锐的温州人都不会错过，从而可以在细微的政策变化中寻找投资机遇。

建桥集团董事长周兴增，是上海第一所由外地人投资兴办的民办大学的创始人。他就是在国家政策还没完全放开的时候，完成了民资办学这项壮举的。

那是在1999年，手头已经有一笔资金的周兴增决定弃商办学，在上海建校。当时他的想法并未得到当地政府的批准，双方只是签订了一个意向书。然后周兴增就投资3亿元，在浦东康桥开发区开始买地、搞基建、盖楼舍，将办学所需的基本硬件都准备得差不多了，然后再到上海市教委审批。

谈起这个大胆的举动时，有人问他：难道不担心政府不审批？

周兴增脸不红心不跳地说："若是不先搞好办学的必备条件，那就永远也批准不了！"这种将政府一军的巨额投资方法，恐怕一般人不敢轻易尝试。

别人又质疑："民办大学招生，一般第一年没多少生源，难道你能确定自己不会赔本吗？"

周兴增依旧不温不火："等我招生超过1000人，请您再来恭喜。"

结果2000年9月，周兴增的建桥学院第一年招生，报考人数就有5300人，当年录取了1352人（当年上海民办学校的正常生源可能只有300人）。2001年，上海教委破格准许建桥学院列入国家计划内招生序列，授予它独立颁发大学文凭的权利。

后来上海市政府和上海市教委每每谈起周兴增，都会夸赞："建桥是一条鲶鱼，把上海的民办大学给带动起来了。"

老话说："先下手为强，后下手遭殃。"在激烈的市场竞争中，紧跟市场潮流固然不错，但却不及抢占市场先机来得明智，如果能成功引领市场走向，那么无论对自己还是对社会，都是功劳一件了。

其实，紧跟市场也好，引领市场也罢，无论温州人的投资路线怎么变，追逐的东西一直没变——永远追逐最大利润，其他非最大利润的投资当放则放。正如一则段子所说：比尔·盖茨掉了1000美元都不需要弯腰去捡，因为弯腰捡钱的这几秒钟他完全可以挣到更多的钱。在温州人的观念里，那些非最大利润的投资行为，其实就是一种比尔·盖茨式的"弯腰"，是非常不明智的。

⇒ 投资心经：钱，是投出来的

如果你问温州人："钱是省出来，还是赚出来的?"

温州人绝对会向你翻个白眼儿，不屑地说："这种低智商的问题不要拿来问我。"

温州人与人交流当然不会这么没礼貌，但心中肯定对问出这个问题的人非常看不起。因为这种问题在他们看来连称之为问题的资格都没有，就像我们问大多数人"你是吃饭长大的，还是吃石头长大的"一样，答案是一目了然的。

钱对于温州人来说，绝对是赚出来的，温州人虽然有简朴的一面，但从来不认为钱是省出来的。因此，他们从不将钱放着睡大觉，也很少放到银行里吃一点利息。

因为：

1. 钱只能用来投资，一放就贬值了。

10 年前的 1000 元钱，与今天的 1000 元钱，所能买到的东西绝对是不一样的。即使不考虑人民币贬值、通货膨胀等因素，结果仍然是一样的，这是人类社会物质极大丰富的结果。

将钱拿来投资，不但可以避免这一点，而且还能实现金钱的滚雪球式增长。用来投资的钱，往往会随着投资项目的与时俱进而增值，不会随着时代前进而贬值。

2. 投资会进一步开阔人的视野，是进一步拥有更多钱的必要条件。

生活中我们都有这样的经验：有的人舍不得吃好的，舍不得穿好的，舍不得用好的，舍不得多花一些交通费、电话费、人情应酬费，总之生活一切从简。结果他所结交的朋友，也是像他一样的人，大家都鲜有发财的机会。

相反，有的人该吃就吃，该玩就玩，该应酬就应酬，人脉关系越来越广，结交的朋友也越来越尊贵。最终，比较有钱的自然是后者。

温州人的投资理念也是这样的，既然金钱放在那里会贬值，那就将它投到某个项目中。这样做不但对此项目的信息会了解更多，而且还会在此过程中积累很多经验，认识很多有用的朋友。这些都是金钱买不来的财富，但却可以在投资中获得。

更重要的是，除去投资风险中所担负的那一部分，投资总体来说还是赚得多。从这个意义上来说，将钱投放在某个领域也比使之躺着睡觉好。

3. 只有投资，利润才能翻番。

温州资本的增长速度全球领先，所以温州人才会越来越有钱，越来越能影响市场。

投资就是他们不变的法宝，因为有投资，就有差价，就有利润。当你的投资资本越来越多时，差价就会越来越大，所获得的收益也就会越来越多。在投资的领域，金钱就是不断快速滚动的雪球，越滚越大，越滚越多。

总之，在这个全民打工、全民创业的年代，只有投资才是快速致富的法宝。你投资，或者不投资，钱就在那里，不增只减；你信，或者不信，温州资本就在那里，只增不减；你学，或者不学，他们就是这样，只投不捂；你跟，或者不跟，财富就在那里，不声不语。

第二章 摸准资源的脉搏

●股票看不见摸不着，难弄懂，与其靠运气赚钱，不如投资实打实的黄金白银。

●投资要关注国内外局势，别稀里糊涂成为政策的牺牲品。

●宁可投资高风险的楼市、股市、工业原料、能源，也不碰利润微薄的农产品行业。

●煤价上涨，“电荒”显现，还不赶紧投资水电站！

●投资煤矿晚了？不要紧，还有金矿、银矿、铜矿、锰矿、钼矿、铬矿、镍矿、盐田等许多机会。

像买菜一样买黄金

2009 年 8 月 4 日，中国银行温州分行在华侨饭店举办了一场黄金投资分析和现场展示会，吸引了很多温州市民。在黄金投资专家的讲解下，不到一个小时，意识到黄金投资有巨额回报的温州市民就将活动现场所有的黄金产品抢购一空，现场销售额高达 600 多万元。不仅如此，性急的温州市民还预定了 200 多万元的黄金产品。

不仅在温州本地，就连在其他地方打拼的温州人，听到有投资黄金的机会，也都踊跃参与。2010 年 3 月，中国黄金集团江苏直营店在南京开业，在开业当天，就有两位温州投资者分别一口气买了 10 公斤和 7 公斤的黄金，投资金额高达 200 多万元。

此外，工行、农行、建行、中行四大银行的数据显示，温州人对黄金买卖的持续热情，直接拉动了四大银行黄金业务的规模与收入，温州人继“炒房团”之后即将形成一个声势浩大的“炒金团”。尤其是随着国际金价的强劲上涨，一些炒房客甚至直接从楼市撤资，一掷千金地转投黄金。一时间，温州人“像买菜一样买黄金”的说法不胫而走。

其实，历代中国人都有黄金情结，以“黄金”、“黄色”为贵。黄金自然早就进入了投资领域，实物黄金、纸黄金、黄金期货等各种黄金投资品种早就为人们所知。随着国家对个人黄金投资政策的放宽，黄金作为一种保值品，立刻就受到温州人的青睐。早在2007年下半年金条投资正式在温州上市的时候，就有温州客户当场投资2700多克金条。

温州人对黄金市场的看好，是基于一定的投资理念的，我们从中可以对温州人的投资思维管窥一二。

在温州人最初兴起投资黄金的时候，有人指出，他们之所以投资黄金、炒黄金，原因在于他们对实业比较了解，对于股票、基金等投资项目了解不够深入，风险比较大，很多人在楼市赚了钱结果又赔到股市中。在这种形势下，他们宁愿选择硬货币——黄金。

这种说法有一定的道理，但仍然未挖掘到温州人投资黄金的深层原因，我认为，温州人热衷于投资黄金的最根本原因在于黄金的保值功能。

马克思说："金银天然不是货币，但货币天然是金银。"这是中学生都知道的经济名言。其实不止金银，还有钯、铂等稀有金属。一方面，它们易分割、易储存，因为"物以稀为贵"，自古以来就被人们固定地充当为极有价值的物品。另一方面，由于流通的不便而逐渐退出商品流通市场，进入到货币储存和收藏领域，自身价值更大。

随着国家对楼市政策的不断完善，温州人在楼市的获利渐不如从前，楼市的资本开始有所回流。在这种情况下，黄金因为其保值功能成为温州人的投资热门，也不足为奇。

从这个角度来说，温州人投资黄金的原因与楼市是一样的，都看重了其保值功能，这是投资股票、基金等虚拟经济形态所无法比拟的。

这就又引出来一个新的现象：温州人在投资的时候虽然敢于冒险，但只限于做第一个敢吃螃蟹的人，即敢于走在市场的前面。对于投资项目的选择，他们宁愿务实一些，选择楼市、黄金、煤炭等实实在在存在的物，对股票、基金等虚拟经济形式，信任度要低一些。

如果黄金的保值功能是温州人投资黄金的根本原因，那么国际金价的持续上升是温州人炒黄金的直接诱因。

前面我曾经提过，温州人是不喜欢让钱躺在某个地方睡大觉的，他们宁愿欠债，也要让自己的资金流动起来，让资本在流动中不断产生新的财富。黄金，如果没有升值空间，只有保值的功能，其实质与让钱躺下睡大觉差不多，这是善于投资的温州人所不能忍受的。因此，黄金未来的升值，才是温州人看重这项投资的直接原因。

2009 年前后的国际、国内环境，为黄金价格的浮动提供了契机，也为温州人投资黄金找到了一个最可靠的保障。

从国际因素来看，一方面，迪拜、希腊等欧洲国家爆发主权债务危机，在世界范围内引起了轩然大波，使人们对经济复苏失去信心。另一方面，由于 2008 年金融危机的余波尚未平息，各国大量发行纸币，造成了货币泛滥，纸币的购买力下降，各国都发生了不同程度的通货膨胀。

在这种全球经济萎靡的情况下，人们自然对未来的经济局势产生担忧。黄金的保值功能就会成为投资者稳定财富的手段，黄金就成为全球投资者保值、避险的投资项目，未来黄金市场形势大好。

从国内因素来说，由于楼市调控政策的出台，迫使很多资金回流。由于股市的持续下行，股市资金也有撤出迹象。这两方面的吃紧都会导致通货膨胀加重。投资者若想让自己的资产保值，投资黄金就是不二选择。因此，即使不参与国际黄金市场，在国内市场上，黄金的价格也会有较大的上升空间。

另外，由于国际黄金价格的抢眼走势，黑市黄金交易也非常活跃，更直接哄抬了金价。

正是看中了国际、国内黄金持续上涨的形势，温州人才毫不犹豫地将资本投进黄金市场，从而在动荡的金价中获取高额利润。

2011年3月11日，日本发生了9级大地震，国际市场上的避险情绪再度升温，国际市场上的黄金价格开始了新一轮的强劲上涨。以“炒”著称的温州资本，自然不会放过此次投资良机，黄金又将像大白菜一样被豪掷千金的温州人购入。

关注国内外局势，是我们从温州人投资黄金这件事上学到的又一种投资思维。然而，最重要的是，温州人之所以看重黄金投资，与黄金无可比拟的优势是分不开的。黄金作为金融市场的重要组成部分，除了保值性强之外，还具有很多其他投资产品所不具备的特点。

一位投资黄金的温州商人道：“我听同乡说黄金价格波动大，容易在国际政治、经济因素及各种突发事件的影响下产生剧烈波动，投资这个项目就很容易从黄金的差价中获利。我就是看中了这点，才毫不犹豫地拿出1000万元投资黄金。”

另一位温州商人则说：“我之前在股市投资过，不过这玩意儿不太容易懂，还要经常选股，咱又不是很专业，完全就是在碰运气，风险很大。投资黄金相对来说就简单多了，没有那么麻烦，而且没有庄家，全世界都在炒这个，我想总比在股市中碰运气要好得多。再说了，股票交易有时间限制，黄金交易24小时都可以进行。”

还有一位温州商人则认为：“黄金是一种新兴的投资产品，在国内才刚刚兴起。刚刚兴起的产业，一般最开始都是稳赚的，股票、房地产、外汇最初都是这样的。我相信我现在投资黄金，肯定也能首先抢占市场，能赚钱。而且我听说黄金涨价的时候可以赚很多，即使黄金价格跌了，也是能赚的，只是赚的少而已。”

对于为什么投资黄金这个问题，温州人的回答五花八门，但有一点是相通的：投资黄金可以以小博大，它所产生的杠杆效应可以让资金放大很多倍，这是非常珍贵的投资机遇。

虽然在楼市受创的温州资本对投资黄金谨慎很多，但随着楼市调控政策的出台、股市持续的阴晴不定，黄金无可比拟的优势依然吸引了大量温州资本。因此，即使温州资本暂时不会出现庞大的“炒金团”，至少也有很多人有意识地投资黄金。随着越来越多的人尝到投资黄金的甜头，在庞大的温州资本面前，向来以昂贵著称的黄金，其实也像大白菜一样，只是资金周转的一种载体而已。

农产品不是温州人的“菜”

2010年，中国最普遍的经济现象，应该就是农产品涨价了：一会儿绿豆涨价，一会儿大蒜贵得离谱，一会儿苹果又兴起抢收战，一时间，“豆你玩”、“蒜你狠”、“苹什么”成为人们对农产品涨价无奈之下的调侃之词。

此起彼伏的农产品涨价，不仅仅成为一种市场现象，更成为一件影响人们生活的大事。国家发改委表示，农产品涨价的直接推手是游资炒作。联想起房子涨价为生活带来的困惑，农产品的纷纷涨价让人们不禁产生一种恐慌，素有“中国的犹太人”之称的温州人，再次被推向风口浪尖。

一网民在一个帖子中赤裸裸地写道：“农产品为什么接二连三地突然涨价？很明显，幕后有推手，有人故意炒作。纵观各地商人，谁有如此大的手笔？谁又喜欢炒这些稀奇古怪的玩意儿？非温州人莫属！他们不是总喜欢另辟蹊径吗？谁都没想过炒这些不值钱的农产品，偏偏温州人就看中了！老天，温州人为什么不多给大家一些活路？房价已经被他们炒得让我们没地方住了，现在又来炒农产品。不给住的地方也就罢了，难道连吃也不让我们吃得痛快？温州那些有钱的大老爷呀！你们有钱了就好好享受享受呗，你们已经在房市赚得盆满钵满，为什么不能给我们穷人一些活路呢？强烈号召众网友鄙视温州人，不要再给他们赚钱的机会！”

下面很多跟帖的，都义愤填膺，一致认为温州人做生意不讲良心，将国民的生活水平往下拉。更有甚者，还恶毒咒骂温州人，那种愤恨程度丝毫不亚于欧洲人对犹太人的憎恶。

不可否认，楼市利薄之后，确实有很多温州资本撤出，改投其他领域，也有一部分资本流入农产品市场。但2010年农产品涨价，还真不是温州资本炒作的结果，因为农产品根本就不是温州人的“菜”，绝大部分温州商人对投资农产品并不“感冒”。

我有三个理由，充分说明温州人对农产品的不“感冒”。

1. 并没有直接证据说明温州资本是农产品涨价的幕后推手，涨价的因素是多方面的。

以大蒜为例。2010年，大蒜价格一下子涨了十几倍。如果说这是民间资本炒作的结果，那么受到习惯影响的大众，马上就会认为有热钱流入大蒜市场，一说到热钱，几乎是惯性思维，立即就想到庞大的温州资本。

照此推理下去，在大蒜市场活跃的地区，应该会见到很多温州人。就像人们能在楼市见到一掷千金的温州炒房客一样，人们也应该会见到一掷千金的“炒蒜客”。可事实上，在有“大蒜之乡”之称的山东省金乡县，专门从事大蒜生意的温州人不超过10个，而且这些人大多都是常年做大蒜生意的。如果是他们炒作的话，大蒜市场应该在早几年就活跃起来，可事实并非如此。况且，当地的大蒜商会，也并没有发觉有大规模的温州资金流入大蒜市场。

其他农产品市场，也有类似的间接证据证明没有大规模的温州资金流入。

事实上，温州资本的重心根本不在农产品上，楼市、股市、工业原料、能源等才是温州人所喜爱的投资领域。楼市虽然没有最初红火，但温州人对一些高端楼盘项目还是比较情有独钟的，毕竟相对于一般的投资项目，楼市仍然是一个利润比较大的场所。还有一部分温商喜欢投资股市、黄金等金融行业，认为自己从一个实业家转为金融家，是一种境界的提升。

还有人提到棉花价格的上涨，说这是“温州炒棉团”运作的结果。不可否认，温州资本的确曾经进入新疆的棉区，但众所周知，温州人在新疆折了跟头，反而不及当地的棉农赚的钱多，怎么能说棉花的涨价是因为温州资本操作呢？2010 年棉花价格的上涨，实际上是气候和供求关系导致的，是市场的自发行为，不存在温州人背后操控的问题。

总之，农产品涨价与温州资本无关。温州资本虽然数额巨大，但也不至于各行各业都涌入。

2. 农产品在温州人眼里只是小打小闹。

不但有实践证据证明温州资本并没有大规模地进入农产品市场，而且从投资思维上来看，农产品也不是温州人热衷的投资项目。因为棉花、大蒜、辣椒、姜、苹果等农产品，温州人根本看不上，认为投资这些产品只是小打小闹，不符合温州人大手笔投资炒作的作风。

一位温州炒房客看到不满农产品涨价的网民声讨时，无奈地说：“你们也太看得起我们温州人了。除了投资金融市场，我们温州人最喜欢投资的都是风险大、利润大的市场，比如说楼市、商铺、能源什么的，怎么会看上投资农产品呢？这种小打小闹的投资项目，只有那些没事干的人才感兴趣。我们都是干大事业的。开玩笑，怎么会在乎一斤蒜能赚几毛钱？”

话虽然狂妄，却也不无道理。

回想温州资本的炒作方式，无不是利润巨大的行业：楼市、煤炭、黄金、商铺等每一个行业所融入的资本，都是上百万、上亿的，投入多，回报更多，这才是各种炒团的风格。

而农产品，一吨大蒜才赚多少钱？已经经历了财富一点一滴缓慢积累过程的温州人，已经不满足于资本一点一点地累加了，更想像楼市那样，一出手就赢得几十万甚至几百万的丰厚回报，让财富尽快实现几何级的增长。从这个意义上来说，温州人根本不可能大规模融入农产品市场，更不会抱团操作这么个微利行业。

3. 工业原料才是温州人的新宠。

实质上，经过了炒棉团、炒煤团之后，温州资本已经很少再抱团合作了，很难再产生2000年之后炒房团那样大规模的声势，温州资本已经疏散开来。如果硬要说他们有什么大规模的举动，应该就是对工业原料的投资了，如原煤、原油、原木、各种金属和非金属矿石等。

之所以较之农产品温州人更青睐投资工业原料，我想，是基于以下两个方面的原因：

（1）工业原料与实体经济联系密切。

农产品与工业原料对人们的生活有截然不同的影响。

农产品虽然是必需品，但可选择性很多。比如说苹果贵，人们可以选择吃桃子、吃香蕉；大蒜贵，人们可以选择不吃，况且这种调料性的食物一次也不能吃太多。因为人们的选择多，所以难以形成市场垄断，而追求垄断式的高额利润是温州人最大的爱好。

但工业原料就不一样了，它具有较强的针对性。比如说有的行业一定要用到煤炭，有的行业必须用到某种金属。温州资本只要垄断了某种行业所需要的某一种材料，就能获得巨额利润。这种对某一种原料的控制，相对来说容易得多，不像人们不吃苹果还可吃香蕉那样有所选择。

一位姓张的温州商人道："我跟一个兄弟合伙做有色金属的生意，仅2009年上半年就赚了1个多亿。"此等巨额利润绝非虚构，而是这个市场确实容易被垄断，赚取高额利润的概率比较大。

（2）工业原料也是必需品。

投资工业原料容易成功的根本原因在于它的不可取代性。

人们离不开农产品，是基于生存生活的需要；企业离不开工业原料，是基于企业生存发展的需要。正是因为有企业需要，有巨大的市场空间，温州人才热衷于投资这个项目。

看到这里，有些人可能会有疑问了：既然投资工业原料这么能赚钱，为什么别的资本不进来呢?

主要原因是其他资本没有温州资本庞大。

工业原料属于大宗产品，回报高，但投资成本也大。一般的私人资本很难像温州资本那样大手笔地投资，也没有温州人这么容易抱团，所以其他人即使看到这里的巨大利润空间，一下子也难以投入资本，温州人就这样很容易地抢占了市场。追求高利润、追求无竞争的空间，这是温州人一贯的作风，有这么好的投资机遇，温州人为什么要去炒那些相对来说只是蝇头小利的农产品呢?

煤炭资源的既得利益者

2009年前后对温州资本来说，无异于一场灾难。

事情的起因与山西省国土资源厅出台《关于煤矿企业兼并重组所涉及资源权价处置办法》（以下简称《办法》）有关。根据《办法》的精神，山西省境内的所有小煤矿都交由大型国有煤炭企业进行全面整合。经过兼并重组的山西煤炭企业，到2010年年底，最多能保留1000座煤矿，且原则上规模不低于年产量300万吨，单井生产规模不低于90万吨。

后面的数据暂且不管，只说“保留1000座煤矿”这个指标，其意义就非同一般。当时山西共有煤矿2598座，这就意味着要“消灭”60%以上的煤矿。这“60%以上的煤矿”，相当一部分是温州人的投资。很明显，《办法》的出台，意味着温州人在山西的投资以失败告终。

其实早在《办法》出台之前，温州人的煤炭投资生意已经受到影响。

以在大同市南郊区高山镇投资近2亿元的一位温州老板为例。他早在2002年就已经来到山西投资煤矿，在2002年到2010年将近十年的时间里，可以说没过过一天踏实的日子。且不论投资煤矿可能遇到的塌方、人员伤亡等风险，单是当地政策的来回变动，就令人坐立不安。

在2005年投资煤矿热的时候，大同市南郊区有170家小煤矿，不久经过政府的整顿，缩减为58家，其余一百多家的投资，就像今天的温州资本一样，打了水漂。为了确保自己的煤矿不被“整合”掉，这位温州老板斥巨资增加产能和安全设备，并且先后向当地政府交了3000万元的各种保障金。可即使如此，到2008年的时候，随着大同市关闭小煤矿政策的出台，他的小煤矿依旧被无情地强制关闭。类似这种情况，很多温州煤老板都遇到过。

温州资本之所以会出现如此大的纰漏，一方面在于煤炭投资政策的不稳定，另一方面在于温州人对风险的漠视。煤炭是一种高利润、高风险投资，此次投资失利，可以说是一种偶然中的必然。

即使如此，温州人在煤炭生意上的投资思维，仍然是发人深思的。我们今天只看到温州人折戟，却没看到过去温州人投资煤炭的黄金时代。

早在20世纪80年代国家开放煤炭资源、允许民间资本进入煤炭挖掘的时候，善于抢占市场的温州人听说这个消息之后，立刻涌进全国的煤炭基地——山西，开始了煤老板的生涯。

不过，温州人最初的煤炭生意并不顺利。当时煤炭的价格非常低，而且价格还在一路下跌，最低时每吨才10元。最初承包矿井的温州人，最惨的要赔进去双倍的投资成本。

撑过最困难时期的温州煤老板，在2000年之后，迎来了事业上的黄金期。尤其是2002年到2004年这段时间，随着工业对能源的需要越来越多，随着工业发展和一座座煤电企业的建成，作为紧俏货的煤炭，价格也一路飙升，焦煤每吨上升到近400元，很多煤老板的时间，夸张一点说，都用来数钱了。

眼见投资煤炭可以获得丰厚回报，善于拉亲帮友的温州老板立刻回到家乡召集更多的人。大家筹集了更多的资金，承包更多的矿井。一时间，山西“遍地”温州资本，山西的煤矿已经成了温州资本的大本营了。最辉煌的时候，温州资本甚至控制了山西60%的小煤矿，开采的煤矿年产8000万吨。这个数据是山西省煤炭总产量的1/5、全国的1/20！

煤炭事业这么火爆，山西省开始出台各种引导民营资本进入煤炭小企业的政策。更多的温州资本，也随着这些政策源源不断地涌进来。仅2005年到2006年两年里，山西省一个县就有300亿元温州资本涌入，而彼时整个山西的温州投资资本不低于500亿元。其中一个大老板，来自温州的黄益铫，他一个人就拥有三座年产15万吨的小煤矿，投资金额近5亿元！

山西省内有很多像黄益铫这样的温州煤老板。一位姓何的温州老板，原本是在温州经营服装生意的。2003年下半年，同乡告诉他说，去山西投资煤炭利润更大，于是他放弃了已经做了十几年的服装生意，投资2000万元，跟朋友一起买了一座小煤矿。收益果然很快就有了，到2005年的时候，他已经收回了投资成本，剩下的事，就是等着赚钱了。他说："温州投资煤炭的老乡，赚钱都快赚疯了，大家都说这是难得一见的开心投资项目。"

对于煤炭投资的高额利润，一些温州煤老板毫不隐晦："不瞒你说，当时我承包的这个煤矿即将枯竭，我根本没有投资多少钱，不到两年就赚回了所有的钱——你问我为什么投资一个即将枯竭的煤矿？只要我还能开采一两年，我就不会赔，因为你根本不了解这里面的利润。山西的煤炭300多元一吨，而每吨煤的开采成本基本都在30元左右，可以净赚两三百。我这个小煤矿，即使一天只产煤300吨，我一天也有6万多元的利润。"

在煤矿投资最辉煌的时候，说温州煤老板整天都在忙着数钱，这话一点也不夸张。很多时候，煤炭还没有开采出来，客户的钱就已经先打到账户上了。这么好的生意，谁能经得住诱惑呢？

煤炭投资有这么高的利润，使越来越多的温州人慕名前来。截止到

2006 年，大大小小的温州煤老板不下 2000 人，在山西的任何一个产煤地带，都有温州煤老板的踪迹。山西市场，几乎已经成了温商的天下，路上驶过去一辆高级轿车，轿车的主人，几乎可以肯定就是温州煤老板。

然而，有巨额利润的地方，往往也存在着巨大的风险。对煤老板来说，最受影响的莫过于发生矿难。2003 年，中国煤矿事故死亡人数占矿难死亡人数的 80% 左右。随着山西煤炭事业的蒸蒸日上，这个数据还在逐渐上升。于是从 2008 年开始，山西开始着手整顿小煤矿，对于那些安全设施不够的小煤矿，采取强制性的关闭措施。

这其实就是一个信号，意味着温州煤老板再也不可能像 2006 年时那样肆无忌惮地赚钱了。尽管如此，很多温州老板并没有想过撤资，毕竟这里面的利润太大了，毕竟煤炭就像粮食一样，是国家工业发展必不可缺的能源。再说了，他们当初承包矿井的时候，都与山西政府签了几年甚至十几年的合同，不可能就这么轻易撒手。

因此，对于山西政府整顿煤矿这件事，他们也只是采取加大投资的措施，让自己的煤矿更安全一些，更有发展空间。即使如此，山西省仍在出台各种整顿煤矿的政策，地方政府每年都在发放文件，要求各煤矿提高安全水平、提高煤矿产能。每发放一次文件，这些小煤矿就要停产一段日子，按照地方政府的要求重新进行安全整顿。另外，每发生一起矿难事件，所有的煤矿都要停产接受一次检查。

停产的日子，也就是高投入无回报的日子，复工的期限遥遥未知。温商已经面临着极大的投资风险，但他们仍然在耐着性子坚持着，只要可以继续生产了，就马上以极大的热情重新投入到煤矿生产中去。

但 2009 年不可避免地来了，随着《关于煤矿企业兼并重组所涉及资源权价处置办法》的出台，温商不得不泪洒山西，挥挥手告别煤炭这个肥沃的金钱王国。有的温州煤老板不甘心就这么离去，硬撑到最后一刻，与当地政府谈判、交涉，直到山西各地政府发出“最后通牒”，他们才拿着微薄的损失补偿费，离开这个伤心地，离开他们投注了大量心血的小煤矿。

人们只惊叹于温州人的有钱、温州资本的雄厚，却很少像温州人这样乐意顶着巨大风险做生意。对温州人来说，“平安二字值千金，冒险半生为万贯”。在强烈的赚钱欲望面前，一切风险都是值得的。俗话虽然说“一分耕耘，一分收获”，但人们却不愿意听它的下半句“一分冒险，一分成就”。正因敢于顶着风险做生意，温州资本才有了今天的壮大，才有了今天的声势。

在山西煤炭上的这一次投资失败，虽然让很多温商“欲哭无泪”，但这并不代表他们从此就胆小得不敢做生意了。只要有利可图，只要看到高额利润，相信将赚钱当做“信仰”的温州人，依旧会义无反顾地冲上去，争咬最大的那一块蛋糕。

“电荒”下的“红色热浪”

根据2005年浙江省水利厅的统计数据，浙江省小水电站的民间资本已经超过100亿元，其中80亿元被投放到四川20多个小水电项目上，而这20多个投资项目中，温州老板就占了一多半。

与此同时，浙江省私营民营企业协会也有一份统计结果：省内温州、丽水和金华三个地区的人最喜欢投资水电项目，其中尤以温州人为最，温州资本也最多。

精明的温州人，何以突然对电力事业这么感兴趣?

从2003年开始，中国经济增长率大增，上海等城市的GDP达到了10年以来的最高值。与此保持连锁反应的是，中国的能源也出现了前所未有的紧张，国家电力部门已经得出“电力需求已经达到约30年来的最高值”的结论。

摩根斯坦利经济学家谢国忠甚至将中国GDP增长率与电力的消耗直接画等号。换言之，中国经济如果想保持高速的增长率，发展电力是必不可缺的要求。

温州人靠一贯的投资嗅觉，立刻就发现了“电荒”的事实。于是从2003年开始，温州资本开始进入四川、重庆、昆明等地。

至于为什么选择四川、重庆一带，温州商人陈先生回答的很专业：“四川省有‘千河之省’之称，这里集中了全国四分之一的水力资源，水电资源富饶，全省水能资源可开发量达1.03亿千瓦，我要投资水电站，当然从这里入手啦!”

与陈先生有同样想法的温州人有很多。四川凉山州有金沙江、雅砻江、大渡河3条水系，因此成为温商的首选，很多温州电老板聚集在此。另外，四川的绵阳、康定等地区，经温州人考察，也是投资水电事业的“风水宝地”。

选址需要一定的专业知识，但外行人更好奇的是，温州人投资水电事业，是怎么盈利的呢?

以中小水电站为例。假如温州人投资一个有库容的小水电站，那么每千瓦装机容量的水电站只需投资1万元左右即可，1000千瓦装机容量的小水电站需要投资1000万元左右。如果电老板投资5个亿修建一个水电站，按照每度电0.18元、水电站每年发电300天计算，该水电站当年卖电收入即可达1亿多元。这样，用不了几年，电老板的投资成本就能全部收回来。

如果所投资的水电站是没有库容的，投资会更低，每千瓦装机容量的水电站只需投资5000元左右即可，这样回报就更快。

正是看准了水电项目利润高、市场大的特点，温州人才毫不犹豫地拿出钱来投资，四川各地纷纷建立起属于温州人的水电站。如温州交通建设集团与甘洛县政府签约建设甘洛玉田电站，浙江宏阳水电开发公司投资1亿元兴建铁西电站，浙江汇力水电建设有限公司投资6亿元建设绵阳平武县泗耳河电站，等等。尽管这些水电站由于国家发改委对电力项目的整顿而有所停滞，但这丝毫不影响温州人对水电事业的投资热情。

除了投资四川一带，温州人对本地的水电事业投资，也是热情高涨。据2004年温州市统计局公布的数据，为了缓解电荒，温州民间资本投资水电事业上亿元的项目有9个，上10亿元的项目有3个，完成电力建设22.11亿元，无论是投资金额，还是完成的项目，都比2003

年增长 130% 以上。

这些数据充分说明，电力的短缺已经让温州人非常看好这个市场，对这个市场的投资力度及投资金额均在加大。

促使温州资本流入电力事业的，还有一个重要因素：一部分资金从楼市撤出，在“电荒”的形势下，人们开始投资中小水电站。

从 2001 年开始，炒楼就是温州人的一大“饭碗”，但这个领域的风险其实是很大的。且不说国家政策反复调整，就是到 2011 年的今天，房价依旧居高不下，这让一部分温州老板有些胆怯，很担心现在投资楼市成了“买高”，搞不好将来会赔本。既然电力资源是国家必不可缺的能源，与其心惊胆战地守着楼市，不如转而投资电力事业。就这样，一部分原本属于楼市的资金，流入了电力事业。

看到之前那些投资上亿元的温州电老板，有些人可能会怀疑，温州人各个都那么有钱吗？怎么可能在电力事业投入这么大的资金？从楼市撤出的资本恐怕远远不够。

这种担忧是不必要的。一个小型水电站的投资，不过几十万，善于抱团合作的温州人，投资一个小水电站还是没问题的。况且，也有人肯为温州人提供便利。

2004 年，温州文成县东溪水利发电站公开向社会上募集 3900 万元股份，不到两天，热情的温州市民就将这 3900 万元股份抢购一空。

在温州人看来，这项投资是非常划算的：一股才 1 万元，手头有几万十几万元的人，很容易就能买到几股十几股，又不用花太多的钱，所以大家也都乐意买。更重要的是，手头有几万十几万元的，又做不成大事，存在银行里，也不会有太多的回报。用来炒楼，风险又太大。而投资水电站就不一样了，谁都知道电力是工业的“血液”，国家发展经济，不可能离开电力。他们这项投资，是稳赚不赔的。以他们这次购买发电站的股份为例，只需投资 10 万元买十股，一年就有差不多 1 万元的利润，这等好事，何乐而不为呢？本次最大的民间购股者，一口气投资300万元，买了300股，如果没什么意外的话，一年后他至少能获利30万元，这也算一笔不小的利润了。

表面上看，从2003年到现在，温州人对电力的投资还没有显著成效。2010年春，中国西南地区遇到百年一遇的大旱，温州人的水电事业遭到致命打击；而在四川，也遇到了不大不小的麻烦。这些都是那些致力于水电事业的温州电老板事先没有想到的。

尽管如此，只要国家政策没有发生突变，温州人对水电事业的激情就不会消失。电荒，这已经是一个非常确定的社会现象。即使在煤炭大省山西，冬季的时候，仍然会面临缺电的威胁。如2010年11月25日19时，贵为山西省省会的太原，一片漆黑，许多路段的路灯不得不隔一盏开一盏，饱受着电荒的折磨。

在现有的技术条件下，保证发电正常，基本靠煤炭资源和水力资源，利用太阳能发电、沼气发电在全国范围内尚无法普及，能改善电荒的，只有煤炭和水力。

而另一方面众所周知，煤炭的价格越来越高，利用煤炭来发电，显然越来越不划算。在2006年之前，火电厂至少还可以跟小煤窑协商，获得电力。但随着山西省对煤炭资源的整顿，随着大量温州资本从煤炭事业的撤出，现在，火电厂已经无法找到小煤窑提供电力了，这让山西这样一个产煤大省，活生生地自断了“电路”。

在煤炭事业与电力市场存在断裂的情况下，水电站作为供电的“大企业”，只要老天能提供充沛的雨水量，其未来形势一定是不错的。因此，虽然我国西南一带的温州电老板至今仍然没有发大财的迹象，但熬过这段时间，未来的形势一定一片大好。

挖油井不是一个传说

2005年，温州人组织人马奔赴新疆购买大量油井开发石油的消息一度甚嚣尘上。各路新闻记者纷纷随之奔赴新疆，挖掘独家报道。一会儿说温州人控制了新疆120口油井，一会儿说某投资者已经控制了30口油井，一会儿又说温州人已经在新疆投资油井十几个亿，甚至几十个亿。各种学者也纷纷议论此种状况会对中国的石油市场产生什么利弊，以及国家应该出台什么样的政策引导等。

与各方热炒相对比，新疆政府及当地的温州人对此事的反应却特别冷淡：新疆各油田管理部门都不知道这些油井到底在哪里，也不知道温州人已经在开采油井了，传说中那些夸张的数据，更是没有根据。几个月之后，关于此事就有了一个定论：温州人投资开采油井根本是一件子虚乌有的事，温州人投资油井，根本就是一个传说，一个谣传。

其实这件事不用谣传，稍微联系一下当时的情况，就知道此事不可行。

首先，国家还没有完全向民营企业开放石油开采的政策。1998年的时候，虽然有些温州人在陕西开采了石油，但到了2004年，私人开采的小油井已经被陕西地方政府收回。新疆虽然有一些个体老板在报废的油井里采油，但这些都是悄悄进行的，而且所开采出的石油还必须交售给租赁方，难以像炒房一样大规模地将资本投入这个行业。

其次，也是最重要的一点，开采石油并非易事。中国建国初期，经过众多地质学家的合理猜测及石油工人坚持不懈的努力，才仅仅获得10%的钻井的成功率。而发达国家甚至运用四维声呐去探测新的油田，再加上超级电脑并行处理和分析数据，双管齐下，才获得40%到50%的成功率。

换言之，投资七八千万打一口油井，成功率最高也只有40%到50%，如果不成功，这笔巨额投资就打了水漂。温州人无论多么有钱，也不敢轻易将辛辛苦苦挣的钱投入到这个无底洞中。况且，即使成功挖掘了一口井，勘探石油必须要有专业的工人，不是随便招几个民工就能做的，否则与石油开采相伴的易燃、易爆、有毒物质等问题，很可能会给投资者带来损失。

由此可见，无论是国家政策方面，还是现今的石油勘探技术方面，私人投资油井开采石油，都是一件非常困难的事。

但温州人开采石油这件事，并非完全的空穴来风，谣传也有一定的根据。这个根据中的主人公，让人们看到了私人投资油井的可行性，增加了谣传转化为现实的可能性。

温州人组织人马奔赴新疆购买大量油井开采石油这个消息之所以在一段时间内传扬开来，跟一个女人有关，这个女人叫王荣森。

在各路媒体的报道中，王荣森的故事是这样的：

像很多温州创业者一样，王荣森最初从事的是皮鞋生意，积累了一些资金。后来，她跟丈夫一起来到西安，从事服装批发行业，生意也还不错。

有一天，王荣森在回家的途中，遇到陕西地质学院一位丢钱包的老师，出于侠义心肠，她掏钱帮他买了东西，令那位老师大为感动，两人逐渐成为朋友。那位老师是研究地质的，对石油比较了解，于是向她建议："服装生意竞争比较激烈，你还不如尝试着投资石油。"并且告诉她说，陕北地区就有地下石油，而且陕西政府也鼓励外来资金投资开采石油，谁抢先投资了这个市场，谁就能获得巨额回报。

王荣森动心了，在丈夫和这位老师的陪同下，她来到陕北打听情况。

陕北地区政府确实鼓励民营资金投资开采石油，不过不能保证一定能打出石油，而且政府没有信息可提供，到哪里开采石油需要承包者自己确定。当时打一口井至少要投资100多万元，投资风险之大，可见一斑。

风险越大，利润也就越大。王荣森考虑一番，决定还是迎着风险而上。她拿出多年辛苦积攒的全部积蓄250万元，然后回温州老家动员亲朋好友入股，又筹集了230万元。拿着这480万元，她在延安承包了三口勘探井。

从此，王荣森的命运就与这三口井紧密联系在了一起。开采油井可不是一件容易的事，除了要顶着风险的压力，还要忍受工地的辛苦，应付各种意外。王荣森像男人一样，终日戴着满是油污的安全帽，忍受工地上的一切辛劳。不幸的是，1997年，王荣森的丈夫在打井的时候中暑死亡，这对她来说是一个致命的打击，可她还是咬咬牙坚持了下来。好在一年后，其中一口井出油了。

成功开采出石油的王荣森并未被胜利冲昏头脑，而是再次返回温州，拉拢了一些合作伙伴，获得了3600万元的资本，买下了30口油井的开采权，准备大干一场。

第一次开采的三口井成绩还不错，有消息称日产7吨。但好景不长，这三口井出油越来越少，半个月之后就没有油了。王荣森不但自己血本无归，还欠了很多债，很多跟她一起投资的生意伙伴也赔惨了。最惨的时候，王荣森连买车票回家的钱都没有，穷困潦倒，甚至为了吃饭而到处借钱，不得已的时候甚至到别人家中做保姆。加之丈夫的去世，接连的打击几乎让她精神崩溃。

即使如此，王荣森依旧没有放弃打油井的念头，在没钱买火车票回家的情况下，她仍旧想不惜一切代价引资，试图东山再起，但此时国家政策的转向，才是对她毁灭性的打击。尽管如此，一直到最后，她都没有放弃继续开采油井的希望，直至人们彻底失去她的消息。

接下来的故事，就像一个传说了。

我们现在已经知道，民营投资石油要面临极大的风险。在巨大风险面前，王荣森那点投资根本不算什么，后来她又投巨资开采油井，但都没有石油，巨资都填了无底洞，一度浩浩荡荡的石油开采工程，就这样泡汤了，王荣森不但没赚到钱，反而还赔了好几百万。

再后来，没有人能找到王荣森的踪迹了。有人说她去寻找新的合作伙伴了，不打出石油誓不罢休；有人说她为了还债，四处打工去了；有人说，她已经消失了，谁也联系不上；甚至有人说，王荣森经受不住打击，已经离世了。

在温州炒油团的消息传播得最激烈的时候，很多温州商人都表示，如果政策允许并且有技术支持的话，都愿意尝试一下投资石油，毕竟在国际油价大涨的情况下，开采石油算是一项很不错的投资。但真正进入这个行业的温州人不多，王荣森只是一个典型。尽管她的投资以失败告终，但她为开采石油所付出的努力，却依然让很多人为之动容。

回顾王荣森开采石油的经历，我们还是获得了很多有益的信息。她勇于冒险开采石油的胆识，令我们敬佩；她为这份事业所付出的努力，令我们动容；她的那种应对命运的严峻挑战所表现出的再败再战、百折不挠的精神，令我们肃然起敬。她身上所体现的那种坚持不懈的意志力，正是温州人顽强创业的真实写照，也是温州资本不断壮大的力量源泉。

我们完全有理由相信，当石油开采技术提升到一定高度时，敢于为天下先的温州人一定会率先站出来，将民营投资油井的传说变为现实。届时，国家也许会像对待其他行业一样，将石油行业对民企逐渐开放。毕竟，这项投资有助于缓解中国的能源荒，有助于改善中国石油企业的现状，打破中石油、中石化两大石油巨头低效垄断中国石油市场的局面。

总之，只要民企开采石油的条件成熟，温州人对石油的投资梦想总有一天会变为现实，挖油井将不再是一个传说。

⟹ 投资心经：稀缺能源更有“钱”途

温州人在山西的煤炭投资失利之后，一时间，关于温州资本的各种说法都有。有人同情，有人幸灾乐祸，有人木然。而作为当事人的温州煤老板，除了亏损严重者要求讨个说法外，相当一部分都不发表言论。被记者逼急了，也只是蹦出来一句话：“没什么好说的，作为既得利益者，我们无法撇清自己，但事情也不是传言的那个样子。”模棱两可的回答，更增添了事情的神秘感。

事实上，虽然温州资本 2010 年在山西栽了，但远远不到一蹶不振的地步。很多温州老板没有停下来沉浸在悲痛中，而是立刻收拾好心情，以新的激情重新投入到新的项目中去。之所以如此迅速就恢复过来，因为按照大抵相似的投资思路，他们很快又能找到新的高利润项目——除煤炭之外的其他稀缺能源，如金矿、银矿、铜矿、锰矿、钼矿、铬矿、镍矿、盐田，等等。这些项目的投资声势不及投资煤炭那么浩大，有些甚至可能要转战国外，如到赞比亚开采铜矿。

从专业的角度看，金、银、铜、锰、铬，包括煤炭、石油等，都属于不可再生资源，地球上用一点就少一点，价值只会越来越大，价格也会越来越高。温州人就是看中了稀缺能源的这些优势，因此才毫不犹豫地进行投资。

虽然最初的投资不是很顺利，如 20 世纪八九十年代投资煤炭时，价格并不高，但从长远来看，煤炭涨价是必然的。因此，虽然温州人在2010年因为投资煤炭而损失100多亿元，但仍然是“既得利益者”，他们在过去几年是赚了大钱的。也许是基于煤炭投资失利的教训，温州人在投资其他稀缺能源时，就低调很多，很少再大规模地组团承包矿井。实在想大手笔地投资，就跑去国外。

从市场的角度讲，中国经济一直保持着相对快速的增长速度，这就需要国内能提供足够多的资源、能源来满足工业的发展需要。当国内所产资源不够用的时候，只能通过进口来解决，如进口石油、铁、金等。

尽管资源不够用的原因有很多，如有技术方面的，有储存方面的，或者其他人为的因素，当这些问题国家难以一下解决时，就不得不高价进口资源。

但对温州人来说，这就是一个很好的商机，虽然可能存在极大的风险，但自己开采矿产，利国利己，更重要的是通过利国实现了利己，利润会更大。也许短期内国家的政策会反复变化，但温州人不担心这个，只要有“暴利”，冒一点风险没关系，哪怕像煤炭投资那样失利了，在此之前也会先大赚一笔。

促使温州资本投资稀缺能源的因素是多种多样的，除了这两大基本因素，有些温州老板还抱着“吃别人吃不了的苦，赚别人赚不到的钱”的思路投资。因为稀有资源的矿，多在偏远山区，生活条件比较苦，一般老板可能无法接受这么“不体面”的生活。如曾有一对温州夫妇去大西北投资油井，吃住就和打井的工人在一起。这样的投资项目，对经常往来于繁华都市的老板来说，可能不太理想，因而不愿意涉足。这就为温州人留下一个相对空白的市场，确保了温州人在这个市场中的独占性，因而容易获利。

另外，还有投资成本上的问题。一般人也许知道投资稀缺能源有利可赚，但这些能源相对来说都属于“大宗商品”，不是三五万成本就能拿下的，因此也不会轻易涉足。温州人就不同了，他们已经积攒了20

多年的资本，有抱团的商会，有亲朋好友鼎力相助，所以投资成本方面问题不大，在找到投资项目后能果断地拿下开采合同。这个因素既是温州人投资顺利的原因，也是温州的投资精神、投资思维的一种结果，带有一定的必然性。

由此可见，投资稀缺能源，无论是大赚还是失利，项目本身都是一种很有“钱”途的投资。大赚，这是一种必然，因为稀缺能源的优势很明显，温州人又有远见、有勇气、有资本；失利了，也不能说项目本身不够好，不能说温州人的投资项目选错了，更不能说他们的投资眼光变差了，只能说有许多未知的因素扰乱了他们的计划，如国家政策、天灾等。

赚了是必然，赔了是偶然。在偶然和必然之间，投资稀缺能源不就成了一件“利大于弊”的行为吗？温州人早就算清楚这里面的账了。

3 第三章 做创投，不进股市

• 创投，应优先投向快速成长的高科技企业、前景广阔的传统行业、具有新颖商业模式的零售业或某些特殊的消费品行业。

• 只要远景可期，VC 愿意给一个年亏损 112 万元的企业投资 8000 万元。

• 从险些倒闭到赚取平均 15 倍的回报率，当然有办法！

• 投资的风向标唯有利润，什么跟风、时尚都是浮云。

• 投资要和人们的日常需要紧密相连。一双鞋子的利润虽不如一台电脑，但制鞋的未必不如卖电脑的有钱！

温州资本的这一站是创投

对温州资本来说，2007 年之后，投资似乎进入了一个寒冬：股市持续低迷，楼市政策紧缩，煤炭投资资本深陷山西，西北油井投资不利，2010 年西南大旱又直接影响水电站的收益……虽然偶尔也有好的消息，如黄金投资、有色金属投资有所获利，楼市总体来说仍然在赚钱，但不可否认，属于温州资本的“黄金七年（2001—2007 年）”已经过去。摆在眼前的一个迫切问题是：如此庞大的温州资本，下一站投资将在何方？温州人近几年都在忙碌些什么？

根据广州温州商会、浙江工商联合会等机构的统计结果，大部分温商又回归老本行，做起实业；其余的温商，总体来说主要投资在商业地产、餐饮和酒店、金融运作和股权投资等四个领域。就金融方面来说，温州人主要在忙着做创投。

早在 2009 年之前，温州资本就已经出现明显的创投趋势。截止到 2010 年 9 月，已经有大约 1500 亿温州资本进入创投行业。

以 2009 年来说，每天我都要接待好几个前来寻求融资的创投基金，温州各种各样的 PE 培训班更是层出不穷。很多温州老板干脆将自己的厂房卖掉，将资金从原有的领域里撤出来，全部投进某一个 PE，指望着资金能一年翻几番。不只那些有钱的大老板搞创投，就连一般的小散户，手头只要有个几万十几万的，也纷纷联合起来成立创投基金。

正如温州人在某一段时间纷纷涌进楼市一样，温州资本也开始涌进创投领域。因此，人们用这样一句话形容温州人对创投领域的热情：不在创投公司里，就在创投学习班里。由此可见温州老板在这一领域的投资积极性和热情。

其实早在2008年，精明的温州人就已经嗅到创投的高利润特点。春节过后，很多温州老板就开始转让自己的厂房，报纸上出现了铺天盖地的转租信息，那些常年从事服装、鞋业、轻工、电子等传统劳动密集型产业的老板，心思已经不在自己这些打拼了多年的事业上，转向了创投领域。

那么，他们是怎样发现创投这块肥肉的呢？

且不说股市和楼市的低迷，当今社会经济的特点也让那些习惯了传统实业的老板有些吃不消。

一位姓张的温州老板说："好多人说现在温州老板浮躁了，受不了实业的辛苦了，所以拿着钱在全国炒来炒去，搞得大家不安生。其实不是这样的，我们温州人从来都不怕吃苦，只要有好的投资项目，我们仍然可以像民工那样辛苦地工作。问题的关键是，现在做实业利润太薄了：厂房越来越贵，工人的工资越来越高，制造业所需要的有色金属及其他原材料也在涨价，再加上人民币升值带来的出口难的问题，以及激烈的国内国际竞争，我们的传统实业，如鞋、服装、电器等，利润大大降低，远不如前些年那么红火了。如果仍然停留在传统制造业上的话，辛辛苦苦一年挣不了几个钱，大家还不如选择一个更好的投资项目呢！"

张老板的意思，实际可用一个词来表达：思变求生。严峻的投资形势逼迫温州资本不得不寻找更好的出路。创投，就是在这种形势下被逼出来的选择。

第一个做创投的温州老板是上海温州商会副会长林阿信，他同时也是上海洋山投资开发有限公司、上海首华创业投资有限公司、汇贤龙居企业经营管理有限公司、上海阿信科技发展股份有限公司等多家企业的董事长。

长期的商战经验让他掌握了丰富的实业运营、资本运作经验，对一些国际投行和国外 VC 的成功做法很欣赏。基于这些经验，2006 年，他在上海举办了一场创投高峰论坛，首次向温州同乡们讲了“创投”的概念。

当时在座的多数温州老板虽然对这个行业还不太了解，但已经对这项新兴的投资表示出极大的兴趣，有部分温商甚至当时就拍板表示愿意参与。

这件事之后，林阿信与 30 名温州老板合作，成立了国内第一家创投公司 VC，从此它成为温州模式的创投，引领着温州资本向创投领域进军。截止到 2011 年 2 月，整个浙江创投管理资产规模已近 60 亿元，国家在“两会”期间还将创投模式当做振兴中国经济的一项重要举措。此时，温商已经在这个领域打拼了 4 年了！

创投，即英文 Venture Capital，翻译过来全称是“创业投资”。通俗地讲，这个领域是有钱的大老板对以高科技为基础的新创公司（或者其他行业）提供融资，算是一个投资人。

但与单纯的投资家有所不同的是，投资人可以根据自己多年积累的经验、所掌握的信息、所拥有的人脉、所懂得的管理经验，为所投资的企业提供融资活动，资本雄厚的投资人可以为好几个企业投资。

这个行业的著名人物，如韩裔日本人孙正义，就先后为香港亿通国际商务有限公司、盛大网络、阿里巴巴、雅虎、新浪、网易、8848、当当网上书店、UT 斯达康、携程旅游网、263 集团、人人网等企业做过投资，被誉为“互联网上的旗手”。

他投资的第一家互联网公司，当时没有一分钱的利润，当他将 3.6 亿美元投进去的时候，很多人都以为他疯了。可几个月后，人们纷纷佩服其远见卓识，这家互联网公司股票上市后股价高企，孙正义只卖了手中小部分股票，就获得了 4.5 亿美元。

谈起行业前辈孙正义，上海温州商会常务理事熊伙荣一语道破创投的真谛："和实业经营不同，创投实际上是建立在别人企业基础上的经营模式，这种投资方式更有选择性。做实业，一旦行业选择不好，就有全军覆没的风险，但是创投不一样，孙正义投资的项目很多，不一定每家都成功，但是他投资的阿里巴巴成功了，带给他的利润足以弥补数家失败投资的亏损。"

正是看准了创投这个领域的高利润，熊伙荣干脆聘请职业经理人经营自己的公司，他本人则忙着学习经济学、管理学等，为自己的创投事业充电，为将来更顺利地进军这个领域做准备。

这里举孙正义、熊伙荣两个人的例子，就是为了让大家看明白创投的魅力所在。其实即使没有这两个名人的事例宣传，稍微一想，其中的"猫腻"你也会明白：一方面温州民间几千亿的资本时刻在寻找着出路，另一方面，国内外很多行业、企业都需要资金来运转，"一个愿打，一个愿挨"，投资人与被投资的企业一拍即合，怎么会没有广阔的市场？

更何况，目前创投所涉及的领域，基本上都是赚钱速度比较快的行业，如快速成长的高科技企业、市场前景广阔的传统行业、具有新的商业模式的零售业或某些特殊的消费品行业，等等。有时也投资其他行业，但这些行业有一个共性：一般都能提供高附加值的技术、产品或服务，并能获得长期而且有保障的盈利。

创投甚至可以通过投资亏损企业来赚钱。

北京诺思兰德生物技术股份有限公司，之前一直是中关村科技园众多小型创业公司中的生物科技公司。这个公司被投资之前，本身并没有稳定的销售收入，业绩也处于亏损状态，如 2009 年上半年净亏损 111.68 万元，每股收益 -0.12 元。但到了 2011 年，随着创投理念不断被国人所知，这个亏损的企业竟然成了投资家们争抢的"香饽饽"，有的投资老板甚至愿意出资 8000 万元投资这个企业，这让诺思兰德的副总经理聂李都始料未及。

创投领域这样的投资案例还有很多，虽然这些企业可能暂时经营不景气，但只要能引入资金，引入较先进的管理和技术，就能咸鱼翻身，扭亏为盈。这样好的投资项目，善于挖掘丰厚利润的温州老板们，怎么可能不喜欢呢？

总之，我认为温州民间资本在经历了近几年的投资受挫之后，创投以其独特的优势吸引温州资本进入这一行业会成为大势所趋。尽管大多数温州老板都喜欢投资看得见摸得着的实业，不愿意将自己辛辛苦苦挣的钱交给被投资的企业来打理，但在没有更好的投资项目之前，温州人是不会让钱默默无闻地躺在银行里的，资本只有通过运转不断升值才有它存在的意义。创投，为温州的民间资本提供了一条出路，创投就是温州人投资的一个新方向。

借助创投，温州资本将会更强大

创投对于温州资本来说，绝对是一个“五星级”的投资项目。这个投资项目不但大大解决了温州资本无处可去的难题，更重要的是，它能给温州资本带来数倍的经济效益。

以国内一个著名的投资项目为例。

2009 年 12 月，在创投领域最轰动的事，莫过于深圳市达晨创业投资有限公司通过创投获利十几倍的惊人消息。

早在 2000 年创投还不为国内大多数人所知的时候，刘昼就受电广实业董事长龙秋云之托，投资 1 亿元在深圳建立达晨创投。最初开展业务的时候，可谓万分艰难。“2002 年，我们几乎撑不下去了。”公司创始元老邵红霞回忆创投的早期史时说道。

经过长达六年的艰难坚持，到了 2006 年 6 月，达晨创投所投资的同洲电子在深交所中小板挂牌上市，获得了流通权，达晨创投因此获得近 30 倍的回报。到 2008 年的时候，达晨创投所投资的另一个网络公司拓维信息也成功上市。截止到 2009 年 12 月，它已经为达晨创投获得高达 40 倍的回报。

有了这两起成功的经验，刘昼迅速调整投资策略，对更多的公司进行了大规模的融资及投资活动。截止到 2009 年 12 月，达晨创投所投资的亿纬锂能、爱尔眼科、网宿科技三家公司均成功上市，为达晨创投带来了6.35亿元的浮盈，平均回报率高达15倍!

如此骄人的成绩，不但为刘昼赢得“金手指”的称号，也让他旗下的电广传媒成为资本市场当之无愧的创投概念股，创投的理念也因此越发深入人心。如今，达晨创投的小会议室里已经悬挂了50多个公司的LOGO，这些都是达晨创投所投资的公司。这些投资，哪怕只有三分之一获得成功，也能令达晨创投收获数倍于投资成本的利润。

这就是创投的魅力，也是创投深入人心的根本原因所在。

温州资本如果大规模进入创投领域，其独特的优势肯定能为这个行业带来一场巨大的震动。这是因为，温州资本具有得天独厚做创投的三大优势。

优势一：温州资本具有独特的“军团性”特点。

众所周知，温州人爱“抱团”，钱很容易被各个温州老板聚集在一起，所谓“小资本、大集聚”，温州人很容易就能融到庞大的资本。只要有好的公司值得投资，温州资本肯定能以绝对的优势抢得投资权。

通俗地讲，假如现在某一个高科技公司急需资金支持，这时候，谁对这个公司投入得更及时、所提供的资本更雄厚，谁就更容易赢得该公司老板的信赖。因此，即使现在温州创投公司名声不太响亮，但若能提供相应的资本，也会让急缺资金的公司老板信赖并与其合作。

更重要的是，温州资本在民间所积累的信誉，会让它更容易拿到一个项目的投资。

温州人以诚信为本，老乡之间通过商会借钱根本就不需要打借条，一般也不用签订什么协议，一切全靠个人信誉支撑。谁曾说过，“看一个人的品质怎样，拿钱试一下就知道了”。温州人会赚钱，但又不会将钱看成高过信誉的东西。从这一点来说，温州资本更容易赢得被投资企业的信赖。

从某种意义上来说，投资方、创投机构、被投资企业三者是一个复杂的结合体，很容易有利益冲突。只有三者本着诚信做人的标准，共同将所投资项目做大做强，才能实现共赢合作。毫无疑问，温州人独特的“军团性”优势，使他们更容易赢得投资项目。

优势二：温州资本有丰富的民间投资经验。

创投这种新型的投资形式，首先兴起于深圳，温州人的第一家创投公司“首华创投”，直到2006年才由林阿信建立，而且由于当时的法律、信用等环境还不成熟，这个创投公司并没有获得预期的收益。

尽管这个行业仍旧处于懵懂的摸索阶段，但相信善于学习的温州人只要了解了其中的运转方式，就能快速赢得市场。因为在中国出现创投概念之前，温州人已经有了许多类似创投的投资经验。

温州人的商会作用巨大。众所周知，只要谁需要钱，在商会里组织个活动，将亲朋好友及同乡聚集起来，就能获得投资资金，这其实就是一种融资的方式。换言之，中国创投的源头，可以说就是温州人所独创的这种“商会”理念。

所不同的是，商会的参与者多是筹资人的亲朋好友或同乡，关系比较特殊，大家也不会提出利息要求，因此规模不是很大，无法做成专业的创投公司。既然现在创投公司的目的是为了盈利，相信一向对投资敏感的温州人，肯定不会放过这种投资机会，他们完全可以利用创投的模式重新经营自己的商会，通过创投逐渐壮大资本。

优势三：温州资本已经名声在外。

提起温州资本，恐怕中国再没有哪个地区的资本比它更有影响力了。其实不仅是在国内，由于温州人走南闯北不拘一格的投资形式，他们在国外也赢得了“中国的犹太人”的称号，有时候连最会挣钱的犹太人也害怕温州人会抢走自己的生意。温州人的名声、温州资本的声势，由此可见一斑。

因此，被投资公司如果需要一笔庞大的资金来为自己做创投的话，想到已经形成“品牌效应”的温州资本，也就是非常自然的事。

截至2010年10月，温州资本在创投领域的投资已经达到1500亿元左右，很多企业慕名前来寻求融资，我每天都要接待好几个来温州寻求融资的创投基金。谈到为何寻求温州资本时，很多寻求融资的人说想都不想，直接就找过来了。

正如人们一提到保健品就想到“脑白金”一样，一提到融资，很多人第一反应就是寻找温州资本，因为温州资本已经像“脑白金”一样，成为人们耳熟能详的一种符号。温州资本这种得天独厚的优势，是国内任何资本都无法比拟的，这就决定了温州资本在创投领域必定会有一个不错的前途。

如今，随着《中华人民共和国合伙企业法》的正式实施，创投所需要的法律环境已经成熟。另一方面，温州 30 多万家中小企业也急需转型发展，调整传统产业结构、培育新兴产业的时机已经成熟，一直寻找出路的温州资本终于有了发挥力量的最佳舞台。因此，正如我在 2008 年中国本土创投及私募股权投资论坛上的演讲所说的那样：“尽管在全球金融风暴、经济衰退的影响下，温州制造业目前已进入冬天，面临着一定的生存危机，但与此同时，我可以断言：温州创投业的春天已经来临。”

因为温州资本必定会凭借其无可比拟的优势，在创投这个资本可以翻几倍的大生意中，将温州资本做得更大，温州资本也将以更骄人的姿态屹立于世界强企之林。

新能源成为座上宾

来自华鑫证券2007年9月28日的消息说，题材股非常引人注目，航天机电（600151）就是一个很好的例子。

在我看来，航天机电（600151）的崛起，离不开两大因素的支持：创投概念的引入；新能源的作用。

2007年8月，国家出台了《创业板发行上市管理办法》，创投的理念日益深入人心，以创投形式登陆深圳证券交易所的航天机电（600151）在太阳能领域的两个子公司均有可能登上创业板，这就意味着航天机电（600151）有望成为最大受益者。到今天，事实证明的确如此。

除了加入创投这个新的投资理念促使航天机电（600151）形势大好外，还有它在新能源方面的成绩。

航天机电（600151）是一个典型的进军“多晶硅”项目的个股，而“多晶硅”是太阳能板的重要组成部分。新能源的开发，既符合国际产业发展趋势，又符合国家产业发展战略，还有助于缓解太阳能产业发展中面临的原材料“瓶颈”问题。航天机电（600151）趁着这股“东风”崛起，无疑对产业的发展起到了积极的引导作用，因此自然就成了当仁不让的太阳能龙头企业。

在投资新能源方面，航天机电（600151）无疑是一个很好的榜样。

这个榜样的经验很快被善于模仿的温州人获得了。

2008 年 3 月，温州环亚创业投资中心合伙人联席会议主席胡旭苍来到温州一家太阳能企业，洽谈合作意向。胡旭苍表示，太阳能如今是国家比较重视的新能源，只要太阳能企业有上市的想法，他愿意提供十几亿元资金帮忙达成这个心愿。当然，作为一家创投机构的负责人，这个忙不是白帮的，目的只是让没钱上市的企业获得资本，自己这个有钱的投资者能获得更多的回报——毕竟创投是一项盈利数倍的大生意。另外，投资人还可降低投资风险，让温州资本通过资本的运作，获得更好的生存空间。

胡旭苍的环亚创业投资中心募集到的资金大约有 10 多亿元，有 20 多名温州同乡做股东。类似他这种创业风险投资公司，根据温州官方的统计数据，截止到 2008 年 3 月，已经注册近百家。无论哪个创投公司，其成立的根本宗旨都是赚钱，哪个领域利润大，资金就流进哪个流域。不过就胡旭苍的公司来说，根据他们当时对各个行业的了解，新能源、新材料、环保、资源和金融五个行业最有前途，尤其是新能源和新材料领域，胡旭苍最在意的也是这两个方向，已经谈下了数个项目。

至于为什么投资新能源，胡旭苍没明说，但我可以肯定的是，一定与下面两大因素有关：

1. 国民经济发展的需要。

众所周知，中国经济发展速度在世界上算是一流的，每年官方统计的 GDP 都明显高于世界其他地区。

经济的高速发展是需要能源、资源支持的。一部分温州人看到了投资能源的巨大商机，因此，有人投资水电站，有人投资煤炭，有人投资石油，有人投资有色金属……其目的都是满足国民经济对这些能源、资源的需求，自己也能从中获利。

不得不承认，温州人的出发点是很好的，利国利己。遗憾的是，虽然也有人从中赚到一些钱，但也有一些人投资失败，亏了很多钱。2010

年温州资本不得不撤出在山西的煤炭投资就是一个很好的例子。

由此可见，温州人前期在这些能源、资源方面的投资，虽然利润很高，但同时风险也很大，稍不留意，就可能跟投资煤炭一样，血本无归。

不过，虽然一部分温州人对能源、资源的投资失利了，但并不能说这些领域不适合投资。毕竟国家仍然需要这些能源、资源，它们是维持国民经济快速发展的血液和粮食。但由于种种原因，私人直接投资这些能源、资源的做法，目前并未得到完全的认可。

与煤炭、石油等稀缺能源相比，新能源就不同了。它一方面可以满足国民经济的发展需要，另一方面，只要有资金、技术的投资，这种能源就是可再生的。如太阳能、风能。这些新兴的能源，如果能够大规模普及到中国的工农业生产中，对整个国家来说都是大功一件。

因此，与对待煤炭、石油等稀缺能源的态度截然不同，国家大力提倡新能源的开发。民企只要有足够的研发实力，有资金、技术条件方面的优势，国家都会大力支持。

在这种鼓励投资的大环境中，新能源开发必然会成为热门。庞大的温州资本一直在寻找好的投资项目，它对新能源方面的创业投资，一方面源于响应国家号召，支持新能源项目的研发，为整个国民经济的发展作贡献，另一方面也让自己在创投运转中获得更大的收益。

互惠互利，从来都是温州人选择投资项目的基点。投资新能源，让温州人直接走向利国利民的道路。这项投资会让温州人的事业更上一层楼。

2. 民间有许多等待资金援助的新能源企业。

响应国家号召投资新能源领域，有两种比较好的形式：一是直接成立新能源产业的企业，二是做创投。这两种投资形式，温州资本都有涉足。

2010 年，在温州市新能源发展与节能形势政策发布会上，温州市发展和改革委员会副主任丁建宇介绍，全市新能源企业有60多家，投资金额达45亿元，产品主要涉及太阳能、风能、储能电站（研发电池）、LED、新能源汽车、高效节能和清洁能源配套的特种泵阀、智能电器等十几个领域。

这些投资领域均有不错的前景。以风能为例，温州海岸线长达355千米，附近海域广阔，季风强劲，具有建设风电场的天然优势。还有太阳能，主要发展方向是太阳能热水器与建筑设计相结合发展，以大幅度提高温州城乡居民对太阳能供热水系统及供暖系统的运用程度。

也就是说，这十几种新能源，均有不错的市场空间，投资这些领域的企业，如果没有经营问题，均能获得不错的收益。更何况，新能源使用起来比较干净，有助于建设生态文明城市。从更长远的未来看，还可促进经济的可持续发展，起到保护环境、节约资源的作用，有助于提高能源利用率，响应国家开发新能源的号召。

因此，对于研发新能源的企业来说，大力发展新能源，于公于私都是一件好事，至少这项投资不会像投资楼市那样遭人唾骂。

既然市场前景不错，影响也不错，那新能源企业是不是就可以遍地开花了呢？

不一定！事实上很多有这种投资想法的老板，多多少少都碰到了事业发展的“瓶颈”，有些甚至连创业资本都难以筹集。因为开发新能源、研发新技术，与一般的制鞋、制衣等实业投资是不一样的，没有上千万、上亿的资金，根本就不要想能建成一个企业。丁建宇也说，温州市的新能源企业“规模偏小，投入不足是硬伤”。

其实不只是温州市，全国各地的新能源企业都需要资金来整合资源、引入新技术，这时就需要更多更有钱的人来帮助他们筹集到所需资金。基于新能源企业发展的需要，为新能源而生的创业投资机构也纷纷成立了。胡旭苍的环亚创业投资中心之所以对新能源、新材料、环保等领域感兴趣，我想，最根本的原因也在于此。

创投，其定义就是，投资家为“以高科技为基础的新创公司”提供融资的活动。这里有一个限定性的词语：高科技。当然，除了“高科技”公司，创投也投资其他领域，但主要领域基本上就界定在“高科技”上。新能源无异于是“高科技”的典型，其广阔的市场空间及国家政策的大力支持，既是创投机构对这一领域关注的最重要原因，也是温州大老板们关注新能源的根本动力。

创投之路也不一定好走

既然创投面前铺就了一条宽敞的利润之路，温州资本是不是就可以肆无忌惮地向这个领域砸钱呢?

非也！创投这条路也不好走。

创投还有一个名字，叫做“风险投资”。顾名思义，这是一种风险很大的投资项目。因为对于投资家来说，你得寻找合适的项目，如果项目选择不当的话，也可能赔得血本无归。除此之外，投资家还要与企业协商谈判，双方弄清楚彼此的权利和义务，明确各自的责任，最终签署合同。这是一个很复杂的过程，包括企业家的人品等，都是投资者所要综合考察的对象，稍有不慎，就可能出现血本无归的后果。

然而，对温州资本来说，这些还不是创投的最大困难。最大的困难来自于温州人内部。

温州人虽然善于投资，并且拥有雄厚的资本，但长期以来，温州人有一些近乎“缺陷”的投资思维，这些“缺陷”让温州式创投更难做。

缺陷一：温州人不易相信别人。

温州人内部彼此是非常信任的，同乡之间借钱根本不需打欠条，通过商会筹钱也不需要签订合同，一切都靠温州人的自觉，凭借自己的信誉获得想要的东西。

但对于非温州人，温州人就没这么慷慨了。

有一位企业家王某，听说温州人对创投很感兴趣，就怀揣自己的项目书来到温州。到了之后才知道，自己根本就无法赢得投资者的青睐，不是项目本身不够好，而是自己非温州人。

在别人的点拨下，王某才知道全国已经有很多像他这样来温州寻求融资的创业者，但成功的人很少。原因就在于他们很难赢得温州商人的信任，除非创业者自己能找到一位在温州有影响力的商界领袖或者企业参与自己的投资项目，其他投资者才会跟进投资。

即使成功获得融资的创业者，也不能放手做自己想做的事，因为温州人会三天两头打电话询问项目的进展，那口气，好像颇不放心将自己的资金交给你。更有甚者，那些一点一滴打下资本江山的温州老板们，可能处处插手公司运作，因为他们根本看不起创业者的管理方式。

听到这里，王某只好无奈地返回，不再对温州资本抱希望。

不管是需要商界领袖或企业参与的苛刻条件，还是三天两头打电话询问项目进展，或者看不上企业家的团队，根本原因其实只有一个——温州人不信任外地人。这样做的后果，要么是找不到可投资的企业，要么是跟合伙人交钱不交心，这都不利于温州资本的发展壮大。最后，无奈的温州人只好拿钱投资自己的企业，温州资本只在小范围内发展，生长速度自然很有限。

所以我认为，温州人若想在创投领域做出一番事业，首先必须克服这种“不信任外地人”的思想，尝试着对外地人敞开怀抱。只有这样，温州资本的投资领域才会更广泛，在创投的路上才会走得更远。

如果实在担心异地企业的信誉，可以事先对该企业做一个全面的考察，了解企业的发展情况，多方打听企业家的口碑甚至家庭情况。这样可以对自己投资的项目有一个相对全面的了解，接下来的合作风险也会更低。况且知己知彼，合作也会很顺利。

但这种多方调查后才确定下来的合作，前提仍然是信任对方，给对方一个机会。不要一听是外地的企业就拒之门外，此举无异于闭目塞听，会扼杀温州资本的发展机会。

缺陷二：温州人有“急功近利”的毛病。

回首温州人的发家史，发现温州人做生意有一个特点：所从事的都是小商品但却拥有大市场的产业。

如鞋子，至今仍然是温州最重要的产业。这个生意很小，一双鞋所赚的钱绝不会超过一台电脑的利润，但它却比电脑具有更大的市场。虽然现代化的办公离不开电脑，但与鞋子比起来，显然它的普及程度就远远不及了。鞋子的市场就是所谓的大市场。

这种产业最大的特点是市场大、盈利快，这是由生活必需品的性质所决定的。推而广之，温州人的其他实业也都是如此，扣子、打火机、服装、电器等，都非常贴近人们的生活，市场空间比较大，所以温州人能很快盈利。

再到后来，随着温州资本的强大，温州人所投资的产业更广泛了，包括煤炭、房子、石油等。这些相对来说比较“大”的产业，温州人看重它们，并不是因为对某一行业的爱好或者感兴趣，也没有想过做大这个行业，而是基于一种高利润的思维。

典型的对比如德国人卡尔本茨，他投资汽车行业是因为他对汽车感兴趣，所以长久地投资这一行，这才有了今天的奔驰。温州人却没有这样的投资思维，至少从目前的形势上来看，温州难以出现一个“石油大王”或者“煤炭大王”。当投资失利的时候，可能就失去了继续坚持下去的愿望，直接转投其他更有利润的领域。

无论是小商品也好，大行业也罢，温州人的投资思维只有一个：一切以盈利为目标。这个思维，一方面为温州人带来了大笔的财富，但另一方面，也制约了温州人继续将事业做强做大的进程，可以说已经成了温州资本的一个“瓶颈”。

一切以盈利为目标，不可避免会导致急功近利，从长远上来说，必然会导致温州资本为了利润而毁掉一些从长远来看更有价值的东西。这在创投领域，是尤其忌讳的。

创投是一种长期性的投资，从投入资金到获利，一般需要七八年甚至十年的时间。但对于将利润看得很重的温州老板们来说，可能等不了这么长的盈利周期。一些性急的老板可能还会干涉项目负责人的正常运营。这样只会造成三种结果：

1. 逼迫负责人做一些内部违法交易，造成腐败；

2. 负责人无法达到目标，被迫（卷款）逃走，终止双方合同；

3. 逼迫负责人炒股权，背离合作初衷。

这三种结果，无论哪一种，都会给投资人带来资本损害。

因此，如果没有长远的打算，如果只考虑短期内的盈利，我建议温州的老板们，最好不要轻易涉足创投领域，也不要看别人在创投领域赚钱了也心痒痒地跟风。毕竟，创投利润高，风险也大。

除了这两大缺陷，我再讲一条在创投时要注意的事项：与同行增进联系。

俗话说，同行是冤家，因此有些投资者可能不屑与同行联系。但兵法上还有一句话，叫做“知己知彼，百战不殆”，投资者多与同行保持联系，有时候可能还会有意外收获。

一位姓晋的温州老板，是一家投资公司的股东，负责私募股权投资，这也是创投的一种形式。谈到自己的合作伙伴，晋先生毫不客气地说：“要不是我防范得严，他（合作伙伴）早就卷款逃走了。”

合作伙伴怎么会做出这等有违契约精神的事呢？

面对大家的质疑，晋先生毫不犹豫地拿出证据：“他在此之前已经上了十几家创投的黑名单，可能他不知道我们这些创投公司与同行有很密切的关系。我当初并没有对他进行全面考察，看了他的项目还不错，就直接投资了。”

接下来的事怎么样？晋先生也不想双方闹得太僵，要么对方自动终止合约，赔偿自己的损失，要么按照合同上规定好的，履行彼此的责任，否则他别想从自己手中拿到一分钱。

晋先生的例子，就充分证明了创投公司之间需要经常沟通。虽然大家可能会在一些项目上产生竞争，但经常保持联系，很容易获得这个领域内的消息，也能最大限度地避免风险。

此外，除了这三点，还有其他一些影响因素，如国家政策的调整、市场的恶炒……这些突发的因素都会增加创投的难度，投资者必须有相当强的心理承受能力，并且做好长期“抗战”的准备。如果没有十足的信心，没有足够的资金，我建议不要轻易投资这个领域。

曾踏入股市，没带走一片云彩

对于很多一般的投资者来说，股票是最常见的投资项目，很多上班的小白领、在家闲着没事做的太太们，不管是否富有，只要手头有几千元钱，都想投到股市里试试运气。

连这种只有几千元钱的投资者都想通过股市实现“发财”的梦想，一向追逐利益、喜欢利润的温州人怎么可能放过这样一个投资机会？尤其是2007年上半年牛市的时候，很多股民都大赚了一笔，温州人就更心动了。更重要的是，2010年，国家楼市政策持续调整，楼市的利润已经大不如前几年，于是一些温州老板将资金从楼市中撤出来，投入股市。

2010年10月，沉寂许久的股市突然“活”了过来：从国庆节到10月19日，连续攻破了2800点和2900点，10月19日收盘指数甚至高达3000点，而当天的成交额高达4900亿元！

对于股市的突然火爆，很多人都很好奇。国信证券深圳泰然九路营业部的一位客户经理对外宣称：“这些多出来的资金，可能是之前从楼市撤出来转投到股市的。”尽管没有任何迹象证明温州人弃楼市转投股市，但大多数人的第一反应都是这笔资金肯定来自温州资本。

这种怀疑不是没有道理的。

国家“限购、限贷、限外”等二次调控政策的出台，让温州人对楼市产生了质疑，原先一致被看好的楼市，成了他们观望的投资项目。但不投资楼市，也不能让钱就躺到银行睡大觉，因为这不是温州人的作风，所以温州资本完全有可能流入股市。

最重要的是，楼市与股市是两个不同的领域，温州资本既然可以在楼市试水，当然也有可能在股市试水。因此，如果深入追查10月股市的资金来源，我想，肯定有100亿到200亿的温州资本进入。

不过以我对温州人的了解，投入股市的资金不会太多。我曾多方调查测算过，全国楼市的温州资金大约有1000亿。也就是说，温州资本从楼市转投股市这个说法，其实是不正确的。而且2009年以来，一部分比较保守的投资者，的确将钱存进了银行，暂时没有投资新的项目，温州各个银行的存款额达到5800亿元，创下多年以来的新高。

事实也证明了我的猜测，温州资本虽然一度大规模进入股市，但却以失败告终。翻遍全国的报纸，说温州资本折戟股市的消息比比皆是。因此我断定，股市虽然是一个全民风险投资的项目，但对温州人来说，却不是一个好项目。它远远不及PE（私募股权投资）、VC（创业投资）、实业为温州人带来的利润多，相信很多试水的温州老板已经感觉到股市的风险，并及时将资金从股市中收回来，寻找新的投资项目。

之所以得出这样一个结论，是因为我太了解温州的老板们。股市这个投资项目，虽然名声很大，但却从来不是温州人所喜好的投资项目，因为股市的虚拟性让温州人很没有安全感。

温州资本是温州人一步步打拼的结果，是温州人多年经营实体经济的结果。从最初的打火机、纽扣，到后来的水电站、煤炭，投资金额只有大小的变化，但却都是看得见、摸得着的实体经济。

经营这些项目，温州人起码感觉心里踏实，这些产品就像温州人的孩子一样，因为看得见、摸得着，很容易掌控，温州人在打拼的时候也有一个着力点。由于可见性，也就更容易被寄予厚望，温州人在打拼的时候也就有了一个个实实在在的目标。

实体产业在温州人的努力下逐渐发展壮大，温州人的名声也随着实体产业而传播开来。如温州被世界誉为中国锁都、中国鞋都、中国皮都、中国塑编之都、中国五金洁具之都、中国泵阀之乡、中国电器城、中国礼品城、中国女鞋基地……这些实业就是温州人的代表，是温州人扬名海内外的载体，温州人也因为这些实业而自豪。哪怕有一天温州人在所有领域的投资都失败了，至少还可以经营这些看得见的小玩意，依靠人们所赋予的“标签性”赞誉重新站起来。

相反，谁听说过温州有“股票之都”、“股市之乡”的赞誉？全球又有哪个地方因为股票市场的繁荣而被誉为“股票之都”、“股市之乡”的？股票的虚拟性和全球性，决定了它无法成为一个“基地”性质的产业。温州人也无法掌控它，无法把握它。说得更准确一些，温州人在股票面前没有自信——一个无法掌控、无法征服的东西，谁会在它面前有自信？

股票，它无法像鞋子、衣服一样，只要卖出了一批，就能很清楚地知道自己赚了多少钱。若想赚多少钱，就限定多少投资成本，差价算得清清楚楚，盈利也一目了然。即使可能会出现一些意外，估算的数据可能有偏差，但大体上的盈利还是能算清的。

股市因为没有这种可预见的盈利，因而向来不被温州人重视。2010年温州资本向股市进发，只是抱着一种试试看的心态，或者说被楼市所逼，但股票却从来不是温州人投资的首选项目。一些温州老板在股市中稍微试水以后，立刻察觉到股市的这种“没着没落”的性质，很快撤出资金重新回到楼市或者转向其他实体经济。

更何况，中国股市更像一种赌博性质的投资，中国对股市现有的政策也是温州人不想轻易将资金投入这一领域的另一个原因。

股市的意义，就是让社会上的资金流入有投资价值的行业，优化社会资源配置。出发点本来是不错的，但中国的股市由于信息的不对等，各种内幕、关联交易以及资金门槛等因素，使得股票市场更像一个“赌市”。投资者进入这个行业，与其说拿自己的钱搞投资，不如说拿自己的钱搞赌博，失去了投资意义。

虽然股市不完全像赌博那样纯粹赌运气，还需要一些技术的支持，但全球靠技术获得股市投资胜利的人，恐怕只有巴菲特一个人了，其余人皆无法掌控其中的规则。很多温州老板就是看穿了这点，因此对股票投资不感兴趣。

2007 年股市行情比较好的时候，有朋友就曾建议一位姓郭的温商试试投资股票，并且告诉他说上半年投资股票的人，没有一个不赚钱的。

尽管如此，郭先生仍然拒绝了这种投资。他说：“不是我不愿意赚这个钱，实在是对这一行不了解，我看到那些密密麻麻的红线、绿线、走势图什么的，都不知道该怎么应对，也想象不出它究竟意味着什么。无法做出判断，怎么能做出一个正确的决定呢?”

这位朋友自告奋勇表示愿意教他，郭先生仍然婉言拒绝了，理由很简单：股票太难理解了，他不会做这种自己都不理解、没法掌控的投资。

温州人在投资的时候虽然以大胆、敢于冒险著称，但也是基于看到丰厚利润的基础上，对于股市这种变幻不定、利润不定的投资项目，温州人不感兴趣，一点儿也不稀奇。

温州人对股票市场不感兴趣的第三个原因在于，股市更像金钱游戏，股票对他们来说不太像一个“钱生钱”的项目。

温州人的每项投资，都是以“丰厚的利润”为前提，其他与之无关的一切行为，比如跟风、时尚，都不是温州人投资项目的首选要素。股市在中国还是一个新兴的市场，很多人可能看出股市投资不需要像实业经济那样辛劳，因而纷纷涌进股市。温州人却没被这股“新潮”带进去，因为他们的信仰是“赚钱”，而非“时尚”。

一位宁愿摆小摊做小生意的温州老板这样评价股市：“炒股说穿了

就是一种金钱游戏，是金钱在股民中的再分配。既然如此，我何必将自己的钱投入股市分给其他人呢？况且中国现今关于股市的法律还不完善，炒股其实就跟买彩票一样，是很难赚钱的。虽然2007年的牛市让很多股民都大赚了一笔，我宁愿说那是侥幸。我很多炒股的朋友都说，他们上半年赚的钱，下半年又全部赔进去了。运气不好的，干脆被套牢了，赔得一塌糊涂！你说他们是何苦呢？”

话虽然有偏颇之处，但却不无道理。

2007年，一部分温州人受股市形势影响开始炒股，但接下来股市的低迷，让温州人对股市彻底死心。到2008年的时候，根据温州市证券期货业协会的统计结果，温州市新增开户数呈现明显的递减趋势，1月份还有近5000户开户，但到了3月份，新开户就锐减至2553户。那些流出股市的资金，温州人宁愿将它们存进银行赚取微薄的利息，也不再涉足股市。

温州人既然宁可将钱存进银行也不投入股市，难道他们的资金会一直存在银行里吗？这也是不可能的。其实这里又涉及第四个原因：温州资本有更好的投资渠道来获得投资回报。与这些投资渠道相比，股市那一点儿偶尔赚来的利润，根本不足为道。

那么温州人更好的“投资渠道和投资回报”是什么？这又回到一个老生常谈的问题，这个话题就太大了，它正是人们需要向温州人学习的地方——至少投资股市这件事让我们学到，股市投资不受欢迎主要不是因为其风险，而是由于其利润的不可确定性、其利润的非最大化。既然没有一定赚钱的把握，温州人就不会轻易“下水”！

⇒ 投资心经：不怕风险，只怕回报少

温州人对创投的关注，与对股市的冷漠，二者态度截然不同，我们从中可以得出一个推而广之的温州投资理念：不怕风险，只怕回报少。

创投和股市，二者有一个很明显的共同点：高风险。

这是它们与一般实业投资所不同的。投资实业，比如生产小礼品，只要卖出去一批货，就有一定的利润，只要不发生货物无端减少的事，只要投资人愿意好好经营下去，没有特殊情况的话，是稳赚不赔的。因为投资人在做这个市场的时候差价都是算好的，利润基本上已经定了。

创投和股市却没有这种相对固定和直接的盈利方式，尤其是股市，完全可以用“不可捉摸”来形容。

因此，总体来说，与传统的投资相比，二者都属于高风险的项目。

但在具体选择的时候，温州人更偏爱创投这种投资模式，而对股市不感兴趣。曾经对股市抱有幻想的温州人，在赔了一把之后，将资金撤了出来，算是彻底告别了这个领域。

温州人选择创投，并非因为没有人在创投领域失败过，第一个属于温州人的创投公司——林阿信的上海首华创业投资有限公司，不是以失败告终了么？尽管如此，仍然有很多温商对这一块很关注。因为与股市相比，创投有更吸引人的投资魅力，如国家政策扶持，被投资的企业发展有前途，有盈利数倍甚至十几倍、几十倍的可能，尤其是最后一个因

素，才是温商更关心的问题。

追逐高额利润从来都是温商投资的首要原则。可以这么说，当一个风险很大同时利润也很大的投资项目，和一个风险很低利润也一般的投资项目，同时摆在温商的面前时，如果他的投资成本允许的话，他肯定会选择那个高风险、高利润的投资项目。

原因很简单，这个世上不存在绝对无风险的投资项目，任何项目都是存在投资风险的。既然如此，承担一份风险与承担十份风险，在温州人看来没什么质的差别。既然如此，正如俗话所说，要赌就赌大的，赚就赚个痛痛快快，赔了起码也能积攒一次宝贵的经验。

一般人创业初期总是瞻前顾后、小心谨慎，生怕风险太大一不小心赔本儿；而温州人却认为风险与机遇是并存的，高风险才有高回报，不管是创业还是经商，没有不冒险的，敢于冒险也正是温州人有别于其他人的特点。创业的风险很高，但只要坚持学习、不断努力，肯定有与风险相等的收入。

其实往深处说，人在经营低风险生意与经营高风险生意时，精神状态都是不一样的。小本生意，不会让你赔得血本无归，人无压力就容易产生“小富即安”的心理。相反，在从事高风险生意的时候，人才能更容易打起精神，在管理、技术等方面，尽自己最大努力做到更好。这种为事业打拼的精神，才是商人的最高境界，也是投资的根本意义所在。

也许你要说，投资的根本意义在于利润，这话固然不假，但要利润又是为了什么？谁又能将利润带到坟墓中去？创造利润的根本意义，从小处说，无非是为了证明自己；往大处说，是为国家、为社会作贡献——一个“小富即安”的人，是不会有这种回报社会的远大抱负的。

话题说得有些远，就“利润”这件事对温州人自己来说，它意味着财富，意味着面子，意味着一个温州人全部的荣耀。因此，面对高利润，他们宁愿选择高风险、高利润的投资项目，也不愿苟安！

有些人，血里带风，注定在闯荡事业的时候风风火火，给人以雷霆万钧之势，不管成功还是失败，至少距离巨额财富很近。之前我已经阐述过多次温州人的“冒险”概念，它是一种基于理智估算之后要求较高利润的冒险，而非一味地胆大鲁莽。温州人冒着风险采取创投这种投资模式，就是这样一种明智的选择。

第四章 看到小地方的大收益

- 充分抓住人性的弱点，迎合客户的良好感觉，就可赚大钱。
- 成熟的投资环境≠最佳的投资场所。
- 避开大城市的激烈竞争，小城镇超市也可半年回本，一年大赚。
- 想投资实业，千万别进大城市，否则就是自寻死路。
- 表面看来不起眼的市场，比那些看起来机会多多的市场更容易赚大钱。
- 越冷门的投资项目越可能是“聚宝盆”。

中小城市的“散财童子”

温州商人常先生在2009年的煤炭投资中失利，损失了好几十万。但此事过去还不到3个月，就有朋友在琼海的楼市上看到他忙得不亦乐乎。

朋友看常先生精神状态很好，没有一点儿被投资失败打击的痕迹，忍不住打趣道：“你真是太可爱了，即使你投资的煤矿被兼并、被重组，你连灰心丧气甚至与人吵架的时间都没留，就风风火火地赶来海南淘金了。”

常先生的行为，在我们一般人看来确实不可思议。难道投资失败损失的不是他本人的钱吗？按正常人的思维，出了这等大事，至少也要难受几个月，或者找相关部门理论理论。他怎么这么快就能走出阴影并且立即选择好了新的投资项目？

这就是温州精神。

卡耐基警告我们：不要为打翻的牛奶而哭泣，不要为已发生的事而难过。投资也是这样的。投资失败后，与其痛苦抑郁颓废，还不如立刻选择下一个铁定能赚钱的投资项目，至少能将之前的损失降到最低。

哪个投资项目才是铁定能赚钱的？温州人认为，将资本砸向中小城市就是一个比较明智的选择。

以楼市为例。2003年，温州炒房团形势正好，北京、上海等一线城市的楼市都有大量温州资本的存在。随着国家对楼市的不断调控，温州商人对一线城市的房产投资资金也随之跟着调控。到2007年，很多温州商人都不再对一线城市进行投资。流动出来的资金，有相当一部分融进了成都、厦门、武汉、西安等二三线城市。因为这些城市，在国家最新政策出台前，都属于调控的“真空”地带，同时也是温州商人得到盈利最为丰厚的地带。

温州商人圈子里流行一种“二三线城市机遇论”，即无论是炒房，还是炒其他项目，这些中小城市的机遇都比大城市多得多。温州人得出这个结论，基于以下三种投资方略：

1. 人都不穿鞋的地方，才是鞋子最好的市场。

营销界有这样一个经典案例：

一个跨国公司想开发一个岛国的市场，于是派两个考察队前去考察。

第一个考察队回来报告说，这个岛国的人都没有穿鞋的习惯，因此建议放弃这个市场。

第二个考察队回来报告说，岛上的居民没有一个是穿鞋的，也没有一个卖鞋的，说明这里存在极大的市场空缺，建议公司将鞋大批量地运过去。

每每提到这个案例，人们往往为第二个考察队的独到视角所折服。其实这种视角，在温州人眼里是最平常不过的小把戏。这就是他们最常用的手段——占领空白市场，寻找没有竞争的市场。投资中小城市，就是他们对这一手段的具体运用而已。

通常认为，大城市的机遇多。大家都这样想，一窝蜂地跑去投资，结果大城市的市场很快就趋于饱和了。如果勉强地挤进去，也只是与更多人分一杯羹而已，得到的只是微薄的利润。运气差一点的话，可能还会血本无归。毕竟大城市的竞争更激烈，也更残酷。

况且，大城市市场已经饱和，只有将自己的产品做得更出众一些，才有可能抢到市场。而这就意味着，投资人需要花费更多的投资成本来完善各个投资的细节，完善各种服务。

举例来说，若想在小资气息浓厚的上海开一家化妆品连锁店，除了需要投入更多的房租外，还要进行有创意的广告宣传，甚至提供某种特殊的服务。总之要努力将自己的店搞得非常有特色，消费者才有可能被吸引过去。否则同类的店太多了，顾客没有理由非进你这一家不可。

但同样一家店如果开在一个地级市，情况就完全不一样了。虽然人流量会少一些，但很有可能本地独此一家，人们只要有需要，不用你特别宣传、提供特别服务，也会选择这家店。

这就是差别。投资一线城市，竞争有压力，服务需要不断完善，这些都逼迫着投资者不得不花费更多的投资成本、更多的心思来经营投资项目。而同样的投资在二三线城市，只要找准市场空白点，放心将钱砸进去，那么几乎不费什么心思，就能赚到丰厚的利润。

2. 中小城市信息量相对少一些，人们对市场没有更多的要求。

电视剧中经常出现这样的桥段：某爱慕虚荣者若想显示自己的尊贵，通常的手段是炫耀自身所用的东西来自闻名遐迩的地方。

“看到这裙子了没？法国服装展会上买来的！”

“这个手机链很个性？你真有眼光！它出自布达拉宫，据说达赖八世摸过！”

“你也觉得这鞋子很好啊？不瞒你说，是从伦敦一家百年老店买的，英国皇室经常在那里购物。”

……

其实去过法国服装展会的人知道，那条裙子最多只能被称做二流货；对于拉萨人来说，那种有佛性的手机链满大街都是；对于伦敦人来说，随便什么人都可以去那家“百年老店”购物。爱慕虚荣者之所以得意地展示这些东西，无非是告诉那些没见过世面的人，我比你们见识得多。而那些听众之所以会羡慕、会称赞，是因为他们没机会见到外面的花花世界，因而即使看到一件出自“闻名遐迩”地区的普通品，也觉得好得不得了。殊不知，如果他们自己身临其境到了那些所谓的“闻名遐迩”的地区，再看到这些物品的时候，可能会觉得毫不稀奇。

温州人热衷于投资中小城市，就是基于人们的这种心理。

尽管现代社会信息发达，但中小城市与一线大城市相比，毕竟不那么繁华，物品也不那么丰盛。那些在大城市司空见惯的物品，降落到中小城市，很可能就是稀罕物，身价立即倍增。而且小地方的消费者对于这些“稀罕物”也没有什么特别的要求，能拥有就自我感觉良好了。但这些“稀罕物”如果在物品丰富的大都市，就完全不一样了，不但优越感很快会被更好的商品比下去，而且还会遭到消费者的挑挑拣拣，因为他们只选择更好的。

20 世纪 90 年代初，超市对中国人来说还是一个比较新奇的玩意儿，通常只有北京、上海、广东等这样比较知名的大城市才有，连一般的省会城市都很少有。如沈阳的第一家超市，出现的时候都 1997 年了。温商温有才看到这个市场空白点，拿出自己的老本准备开一个大超市。由于资金少，他当时选择了一个三级城市作为自己的基点。说干就干，从选商铺到进货再到货品的摆放，温有才的“有才超市”很快就准备好了。

开业的那一天，好多人都不知道超市为何物，抱着好奇的心理纷纷前往，并且将逛超市当做一种时尚。不过人们很快就发现了去超市购物的好处，逛超市逐渐成为当地人的一种日常生活需要。结果温有才的超市经营不到半年，就收回了投资成本，当年盈利几百万。

很快，更多投资者意识到了超市对人们生活的重要性，更多的人开始投资超市，超市里的物品也更全，价格也更便宜。人们购物的时候不再只选“有才超市”，而是哪家超市离自己近、买东西更实惠，就去哪家。在这种形势下，温有才立刻退出了竞争，尽管此时的“有才超市”在当地已有了不小的规模，名声也很大，但他丝毫没有留恋自己的胜利成果，而是毫不犹豫地将“有才超市”转让，然后拿着钱跑到一个县城，重新开了一家“有才超市”。

谈起这个决定，温有才说：“县城的人对超市更稀奇，我这个仍然是第一家，人们不会太在意价格的高低或距自己家的远近，毕竟购物方便才是他们最喜欢的。”

别人都是生意做得越大，就越往大城市中寻找机会。温有才却恰恰相反，偏偏从小城镇中攫取利润。虽然看似不合理，但他不仅有效地规避了竞争，而且迎合了人们的消费心理，因而也赚了不少钱。

3. 中小城市的市场更容易攻克。

最赚钱的市场，显然是别人未曾涉足过的市场，虽然第一个投资这种市场的人可能会面临很大的风险，但如果成功的话，也会拥有更大的利润，这就是投资者都知道的机遇与风险并存的道理。谁投资这样的项目，谁就会让大家瞩目，温州人敢于冒险的名声，就这样慢慢传播开来。

但是，温州人的冒险，是基于“精准的投资眼光”的，并非单纯地抢第一，更不是鲁莽。对中小城市的投资，就是温州人对这种策略的运用。

例如温州人对攀枝花市场的抢占。攀枝花原本只是一个重工业基地，背靠大山，非常隐蔽。一般投资商不会主动选择这里，但温州人却毫不嫌弃，一些温州商人甚至从昆明迁移到偏僻的攀枝花。

温州人是基于什么心思投资攀枝花的呢？一个投资温州商城的温商说：“我们就喜欢封闭的地方，这个城市越封闭，我们就越有机会。因为这里封闭，周围没有北京、上海那样成熟的商业环境，我们就少了很多竞争。另一方面，四川人口多，消费市场很大，比如说，仅仅鞍钢就有20多万员工，再加上本地几十万居民及数万的外来流动人口。综合起来，没有竞争的商业环境、巨大的市场，这等好事简直就是上天赐予我们的。我绝不能错过这么好的投资环境。”

“没有北京、上海那样成熟的商业环境”，这句话才是重心，也是中小城市的特色。

人们往往认为大城市便利、环境成熟，一切东西用起来都非常顺手。但在温州人看来，这些成熟的商业环境，住进去之前是要先“缴费”的，你在享受便利服务的同时，也先投资了这部分享受费用。中小城市虽没有这样便利的投资环境，但投资者不用缴纳这笔费用，无形中降低了投资成本。

更重要的是，主动投资不成熟的环境，其实就是在投资市场中找空白点。当攀枝花没有温州商城的时候，第一批参与温州商城建设的投资者，不但是第一个获利的，而且通常还是获利最大的那个，因为最先抢市场的那些人往往容易抢到大的、好的市场。

世界船王奥纳西斯说：“到别人认为是冷门的地方，你会赚到数不清的钱。”中小城市，通常是投资者所不屑的地方，是冷门，温州人就在这个冷门领域赚了个盆钵俱满。

再小的地方也能看到温州人的身影

佛山某都市村庄街头，有一家毛衣毛线店，已经营业近3年。这个年头，自己买毛线织手工毛衣的人似乎不多。街上随便买一件毛衣，既时尚，又便宜，似乎没有谁有闲心织毛衣。况且，都市村庄这种地方，往往给人脏、乱、差的印象，在外人看来，这家毛衣毛线店的生意肯定好不了。

可是，当你进入这家毛线店，你会发现小小的店面里坐满了人。有五六十的退休大妈，有三四十的青年妇女，甚至还有20岁左右的女大学生、男大学生们——前者给男朋友织围脖，后者则给女朋友买卡通手套。一屋子人闹哄哄的，除了炎热的夏季，其他季节莫不如此。秋冬旺季的时候，你走进之后会发现，里面甚至没有下脚的地方，到处都是学织毛衣的顾客。

店主是一位40岁左右的温州女人，店里面除了卖毛线，还卖她亲手织的毛衣、床单、吊带背心、帽子、围巾等。凡是人们能想到的东西，她都能织出来。光顾小店的女人或者男人们，多是买毛线织自己喜爱的衣物，也有一些不喜欢自己动手的人，直接买走了店主织的衣物。

在这样一个又小又破的地方，她的小店生意凭什么这么红火？

店主得意地说："谁说这年头没有人愿意织手工毛衣啦？除了夏天，手工毛衣什么时候都不会落伍的。一般女人怀孕之后都会想着给自己的小孩织个小帽子、小毛衣什么的，年纪大一些的喜欢给自己的小孙子织。那些年轻的学生，纯粹就是图个时尚，很多女孩子都觉得给男友织围巾是爱的表现呢！只要有人的地方，就有生意。况且我这种生意不需要特别的顾客，谁想织都可以来，我还见过男人来买毛线给自己老婆织拖鞋的呢！”

再小再破的地方，温州人都能发现好的投资项目。只要有项目、有利润，常年漂泊在外的温州人，怎么会在乎身在繁华的都市还是穷乡僻壤呢！其实他们最清楚，流光溢彩的国际大都市机会固然更多，但却不及小地方生钱来得快，因为小地方的市场竞争小。

众所周知，温州人经常想到一些出人意料的投资项目：投棉花、投石油、投飞机、投地皮、投打火机、投纽扣、投皮带，等等。这些一般人想都没想过的地方，温州人果断地投了一把进去，然后数钱数到手软。哦！原来这些项目也是能赚大钱的呀，于是一哄而上。结果呢？可能会有人赚，也可能会有人赔，但你若采访那些赚钱的人，他们肯定会抱怨利润没有传说中的那么高。

不是没有传说中的那么高，而是这一杯羹已经被很多同行分走了。温州人赚钱的时候，那个项目还是一块未开垦的处女地，进入者只需看准机会，稍微努力一把，就能将市场中的大部分利润挖走。而倒霉的后来者们，当他们也去挖利润时，却在挖的同时还多了一个“抢”的，被同行抢！

相比之下，哪种赚钱方式最给力呢？显然是没有竞争的市场。小地方，说到底，其实就是市场的空白地，是一块鲜有竞争的市场。

一般人会认为，大城市商业发达，人流量多，各种赚钱的机会也多。此言不虚。但相应的，机会多了，竞争也就多了。正如大家一哄而上抢某个投资项目那样，总利润其实是固定的，参与者越多，每个投资者得到的利润也就越少。

小地方就没有竞争了吗？有，但要比一线城市缓和得多，看看繁华都市的生活节奏就知道了。

一位姓王的老板说："我看这个路口有很多写字楼，开个快餐店应该是很不错的。刚好附近有一家书店转让，我就先交了1万元钱的定金，打算尽快将店面盘下来。谁知晚上书店老板就打电话说要退我定金，原来有人肯出比我更高的价钱盘下那个店面。书店老板还挺为难的样子，说是我先开口的，只要我跟他出一样高的价钱，就重新转让给我。嗨！想想还是算了吧，接过来生意还不知道怎样，前期投入一大笔钱，我得多久才能见到收益呢！"

大都市、繁华的街道、人流量大的地方，这些我们通常人所看好的地方，别人也同样瞄上了。大家只有不停地抢、捞，拼时间、拼价钱，最终忙忙碌碌，却没见到预想的收获。

利润都流失到哪里了？

其实总利润是没有流失的，社会总财富是逐渐增长的，只是被越来越多的竞争者瓜分了，于是你辛辛苦苦却没有一点儿成就感。

小地方就不同了，虽然它的机遇不如大地方多，但"有人的地方，就有江湖"。只要这个地方有人生活，不是荒无人烟，就有市场。而且很有可能还是大市场呢，因为少了分一杯羹者，你很容易一人独大，甚至在某个领域形成市场垄断。

俗话说："山中无老虎，猴子称大王。"大城市、繁华地段等大地方是强者的天下，是老虎的山头，通常只有那些拥有雄厚资本的人才去试运气。而看似荒凉的小地方，大投资商们通常是不屑一顾的，你与其带着自己微薄的资金前去抢山头被老虎吞掉，还不如乖乖地呆在你的小山头当你的"美猴王"。

温州人最懂得这样的生钱之道：只要能垄断市场，不管这个市场在大地方还是犄角旮旯的小地方，都是有利润的。

在南曹乡，提到做大门的生意，没有人不知道杨树怀的。这个温州佬不是没有钱，他千里迢迢来到这个穷地方，只有一个目的：让南曹人都用上便宜实惠的大门。他这样说，自然也就这样做了。当地并不是没有做大门生意的人，但都是当地农户小打小闹挣外快的小生意，能卖出去一个是一个，谁也没想着以这项生意养家糊口，所以规模都不大。

但温州人有钱呀！有钱的杨树怀一出手就很阔绰。同样的大门，他总会比别人少收二三百块钱。农村人都实在，一看这个温州佬为人这么豪爽，盖了新房子的人家纷纷前去订购。很快，原本小打小闹的那些同行都被比了下去，纷纷关门了。这样方圆百里的人都知道温州佬的大门了，杨树怀有垄断市场之势。再后来，杨树怀借着将大门改良得更漂亮、厚重、流行为由，为自己的大门加了价。人们虽然有些介意，但也没辙，因为“杨树怀大门”的名声已经传播开来，以至于当地人只要一想到买大门，都会跑去他那里。“杨树怀大门”在南曹乡这个小地方，竟然形成了一个小小的品牌！

问起杨树怀的成功秘诀，他侃侃而谈：“没有羊群的地方，水草会更美。没有竞争的市场，对我来说才是最大的市场。”

道理其实很简单，小地方更容易形成垄断之势。所谓“宁为鸡头，不为凤尾”，这鸡头与凤尾的说法，就正好解释大、小两种投资环境的区别。小地方你稍微努力就是“头”，就是老大了；在大地方，你努力再大，搞不好也只是一个小尾巴。

总而言之，一般人只想着在大地方、人流多的地方投资，认为大城市机会更多。虽然这样想有一定的道理，但不可否认，大地方的生意需要更多的投资成本，而且风险和压力也更大。况且，小地方、穷地方也不见得没有商机——因为资本都被大家一窝蜂投资到大地方了，小地方有需要却没有人去投资。一片充满空白的市场，难道不比商机无限、风险也无限的大地方更有诱惑力吗？当大家都硬着头皮一头扎进大城市抢市场的时候，温州人优哉游哉地来到穷地方、小地方，独自享受没有竞争但又不乏利润的市场。

——这是一般人投资的盲点，也是温州人投资的高明之处。

投资好比跑马圈地

俗话说："树挪死，人挪活。"这句话可谓温州人的写照。

温州地处东海之滨，除了东临大海，其余三面均被山所包围。自古以来这里人多地少，资源匮乏，温州人被迫走出去四处经商，四处闯荡。改革开放之后，形势虽然有所好转，但温州人"走出去"已经成为一种习惯，他们通常认为青壮年如果死守在家是一种没出息的表现。

这种"走出去"战略，通常是没有明确目标的，大上海闯过，北京去过，西藏也敢闯，总之哪里有钱赚，哪里就是故乡。但自从2000年以来温州人这种四处发财的策略似乎有所改变，他们的走向似乎有了明确的目标——跑马圈地，将温州资本洒向全国的东西南北中。

首先说中国的东南地区，如上海、杭州等地，这里的投资环境比较符合温商习惯。

新中国成立后，温州人响应"支宁"的号召，前往宁夏，首次在这里做起低端生意，如弹棉花、修鞋子等。虽然很辛苦，但温州人不怕苦，小生意也被他们做得有滋有味。慢慢的，温州人的生意越来越好，规模越来越大，产品也更多，如纽扣、电器、商标、小玩具等，越来越多的温州人开始涌进宁夏。到改革开放的时候，在宁夏的温州人已经积累了一定的资本，所涉及的领域也更广，包括商城、步行街商铺、电线电缆等在内的大宗投资，在温商中比比皆是。温州资本在宁夏累计已经超出60多亿，为宁夏经济的发展做出了杰出贡献。

就在宁夏投资形势一片大好之下，温州人却突然做出了一个大胆的决定：从宁夏撤资，转向东南沿海地区。

宁夏温州商会会长丁望介绍到，从2000年到2006年，约有七八十位温州老板陆陆续续离开了宁夏，不仅带走了产业、资本，连家也搬走了。他们基本上都搬到东南地区，如上海、广东、江苏无锡等地。

温商为什么转投东南地区？最根本的原因是这些地方投资环境很好。例如江苏无锡，当地政府声明，只要谁在无锡的投资超过500万元，政府就会发放一个证件，上面印有无锡市长和公安局长的联系方式，一旦投资商的正当权益受到侵犯，就可以拨打市长电话或局长电话，第一时间使麻烦得到解决。这些优惠政策，在宁夏打拼多年的温州商人，是从来没有在宁夏享受过的。

且不论温州商人在上海、广东等大城市得到了什么实惠，单说无锡这个地级市，虽然算不上非常繁华，但至少还称得上“东部经济重镇”。这里交通便利，风景秀丽，历史文化悠久，仅这些就足以令人神往了。更重要的是，这里还是中国民族工业和乡镇工业的摇篮，其商业发达程度是众所周知的。当地政府对本地经济的发展也很重视，各项政策都围绕经济的发展而展开，他们为有巨资的温州商人提供优惠政策也是必然的。

但同样的优惠政策，宁夏却没想过提供，一线城市也不见得会为温州人准备。例如北京这样的大都市，所看重的是外资投资，更看重外企的先进经验和先进管理模式，即使有优惠政策，也会优先开放给外商及港澳台等地区的商人。

更何况，一线大城市比较活跃的产业中，实业相对比较少，IT、融资或者跨国公司的办事机构等比较多，这些都是温州人不擅长的。他们更喜欢踏踏实实地将资本投入某个具体的领域，如建立一个工厂、生产某种电器等，如果这些项目投资在一线大城市，无论是人力还是物力方面，都有点不切合实际。

良好的投资环境是成功的一半，温商选择将资本移到东南地区，是比较符合他们获取“最大收益”这个精神的。

如果说投资东南地区是基于投资环境的需要，那么选择投资中部地区就是为自己找了一块实现理想的跳板。

中部地区最大的优势就是人口多，消费水平低。将温州资本投放到广大的中部地区，意味着不用花太多的钱，就能做起一项实业，轻轻松松就为温州商人赚来丰厚回报。

例如，2008 年 1 月，温州商会会长林智在河南省商务厅主办的温州商会经济高峰论坛上说道，常年在郑州投资的温州商人多达 7 万，大家主要经营鞋业、皮革、服装、电器、印刷、小商品等实业，市场占有量及销售量高达 60% 以上。

为什么中部城市如此受青睐?

一位姓王的温州商人说：“中部地区人多，劳动力市场比较大，消费市场也很广阔，交通又比较便利。这对我们来说，可以算得上‘天时、地利、人和’的机遇了，我们只要拿着自己的钱来投资就行，其他什么都不用管，因为我们所需要的东西都有。比如说我在郑州投资一个小商品批发和零售项目，不需要什么高级的技术，很容易就能请到工人给我加工。然后就是找销路，河南人这么多，各县市都有经销商，只要跟他们搞好关系，就不愁没有经销渠道。如果投资份额再大一些的话，还可以试试做品牌，花几十万找个本地明星代言一下，市场就更容易做了，甚至可以独占市场。”

王先生是做中国结生意的，他在郑州投资了几万，两年后资金就翻了几番了，他拿着这笔钱又投资了一个利润更大的项目——电脑，赚钱速度更快。5 年后，王先生拿着赚来的几百万到海南炒房去了。

王先生的赚钱方式很容易让人想到温州资本的增长速度。2010 年，温州市政府统计的结果是，温州资本每年以 14% 的速度增长，是我国民间资本增长最快的地区之一。

投资中部地区，虽然看起来没有投资一线城市挣钱多，但中部地区的人力资源、消费市场及四通八达的交通决定了其获利大小不会比大城市差。对于有些资本不太丰厚的温州商人来说，在中部拼搏几年，完全可以积累起一笔可观的财富。当资本积累到一定程度的时候，温商就更无所畏惧，可以拿着自己的大笔钱财满世界找投资项目。从这个意义上来说，中部地区特殊的环境将温商从毫无威慑力的小老虎养成威风凛凛的大老虎，是帮助他们实现巨额投资的跳板。

最后是西部探险，它帮助温商摘取了更大的果实。

纵观近几年的温州投资市场，“西进”是一个不可绕过的话题，从新疆买棉到开采石油，从油矿到水电站，从水电站再到其他能源，温州人创造了一个又一个奇迹。也正是因为进军西部，他们不但获得了梦寐以求的空白市场，赚取了更多的利润，也获得了更大的声誉。

以炒油团为例。温州人早在20世纪90年代末就已经零零星星地进入新疆的石油业，在世界油品价格持续走高的形势下，很多温商都尝到甜头。更多的温州商人在前辈亲朋好友的召唤下，纷纷携巨资跻身新疆石油业。

如温州女老板王荣森，靠批发服装积累了一些钱。后来，她投资了3000口油井。虽然王荣森的投资最终以失败告终，与她合作采油的几位温州商人同样血本无归，但这件事却让精明的温商嗅到商机。此后几年，很多以“温州人”和“承包”为关键词的文章荣登各大媒体，温州人这种大规模投资的精神也让人耳目一新。从此，各种炒团、各种承包纷纷与温州资本挂钩，一时间温商声名大起，温商的各种炒团也越来越影响着人们的生活。

如今，分布在云、贵、川、桂、青、新、藏、宁、内蒙古、重庆等西部省市的温商已高达几十万，他们在这占国土面积一半以上的辽阔土地上，创办了几十万家企业。可以说，在经济领域，西部已经不仅仅是西部人的西部，也是温州人的西部。他们在这块没有竞争的土地上辛苦地打拼，相信假以时日，一定能获得累累硕果。

其实，无论是飞向东南，还是投资中部，抑或是西部探险，不论成功还是失败，温州人都传达给我们这样一个理念：投资是没有地区好坏之分的，只有利润高低之分。他们不像国际大财团一样投资某一大领域，只是按照温州人固有的投资理念选择符合自己的投资项目，慢慢做大，以至于温州资本无处不在，最终在全国成功造势。

二三线城市的实业家们

2011 年 1 月 26 日，国务院办公厅出台了房产的“国八条”，此后很多城市对楼市都实行严控，这让一向一掷千金的温州炒房团没有了用武之地。

但对于深谙投资之道的温州人来说，一些大城市不能买房了，不意味着中小城市不能买房，不意味着没有投资渠道，他们是不可能让资金闲置的。最直接的做法，就是投资二三线城市的楼市。

一位姓谢的温州商人，早在“国八条”出台之前，就已经在杭州、温州、福州、成都等二三线城市买过房子，还慢慢将资金投入到这些城市的写字楼、商铺中。

为什么谢先生仍旧围绕着房子打转转？他说：“目前来看，这样做还是比较理智的。因为限购令虽然出台了，对于北京、上海等这些一线城市可能会有影响，但对中小城市的影响并不是很大。况且，这些地区房价上涨速度相对较慢，国家一时之间不会在这些城市实行限购令，当然就不影响我炒房。”

谢先生这样的解释，让人无法反驳，温州人又借机钻了政策的空子，在国家调控的真空地带继续着自己的投资梦。

与谢先生有相似想法的温州老板有很多。2011 年温州新开了一个市场，里面包含将近 500 个商铺，当天就有几十位温州老板前来抢购，不到两个小时，所有的商铺都被定完了。这些商铺当然不是留着自己做生意用的，投资才是王道。

其实不只投资房产、商铺，在温州商人看来，二三线城市拥有很多商机，拥有很多可投资的项目。

温州资本，只有大约十分之一滞留在楼市，投资楼市只是温商投资的一个选择。政府会积极引导资金回归实业，温商也会发展新兴的产业，如太阳能、风能、节能电器、新农村建设等。

一位姓王的温商看到楼市的萎靡之后，在限购令出台之前，就抛售了手中的几套房子，然后用这笔资金跟几个朋友合伙，投资1个多亿，在河南的新乡做起了太阳能生意。

谈起这个投资项目，王先生禁不住眉飞色舞："我做的是太阳能热水器的制造。我发现，现在的农村人也越来越爱干净，冬天也想学城里人洗澡。但是他们没有城市的暖气，没法经常用到热水，这在冬天是非常要命的，尤其是要过年的时候。现在很多农村的年轻人都是出去打工的，过惯了城市里洗澡方便的生活，过年回家，洗澡就成了一个大问题。我生产的太阳能热水器，主要就是为这些越来越爱干净的农村人准备的。一台热水器也就几千元钱，这对于那些长期在外打工的农村人来说，根本就不是一个问题。"

王先生所料不错，我国有8亿多农民，年轻的打工者几乎占了农村人口的一半，太阳能热水器在农村确实有很大的市场。他把生产销售基地开在河南新乡，这又是一个不错的选择。新乡是一个工业城市，又是一个三线城市，况且河南的劳动力很多，在这里投资既保证了劳动力市场，又保证了消费市场，可谓一举数得。

机遇总是给有准备的人预备的。当我们在苦恼找不到合适的投资项目时，会发现温商将眼光伸向了更偏僻的城市。

田更生，这位30刚出头的老板，现在已经拥有上亿资产了。他是一家轮胎厂的老板，场地就建在中部地区的一个小县城里。这一行当然是有利润的，毕竟现在汽车是一种越来越普通的交通工具了。单说他对厂址的选择，他说："我这种实业，劳动力当然是首要考虑的问题，中部地区人口多，刚好能解决我这个难题。另外，轮胎属于塑料产品，污染相对来说比较大，我选择将厂址建在县城的东南角，这样既可以有效避免污染，而且又方便往外出货。"

王先生和田更生，他们二人的投资有一个共同点：投资二三线城市。投资这些地方的理由也很相似：劳动力市场丰富，消费市场也比较大。那这是否就是温州人投资二三线城市的根本原因呢？

不尽然。

劳动力市场和消费市场固然是重要原因，但促使他们投资二三线城市的根本原因是他们都从事实业投资。实业的含义是以生产制造为主业。既然需要生产制造，那就需要制造者，需要原材料，需要交通运输。同时满足这三个条件又尽可能降低生产成本的地方，只有二三线城市，尤其是劳动力丰富、工业基础良好的二三线城市，比如河南的新乡、江苏的无锡、广东的东莞，等等。

因此，与其说二三线城市拥有太多的机遇，不如说二三线城市拥有太多发展实业的有利条件。以实业发家的温州人正是看中了这一点，才会对二三线城市念念不忘。这也造就了一些温州老板"实业起家，实业回归"的投资模式。

2011 年 2 月 21 日，《上海证券报》爆出"温州近万亿民间资本急寻出路"的消息。此消息一出，很多人纷纷猜测：温州人有这么多钱，准备怎么安置？

很多温商选择了回归实业。

温州人就是以实业发家的，看看他们的各种别称就知道："中国鞋都"、"中国锁都"、"中国电器之都"、"中国制笔之都"、"中国塑编之都"、"中国合成革之都"、"中国金属外壳打火机基地"、"中国剃须刀生产基地"、"中国印刷城"、"中国徽标之乡"、"中国泵阀之乡"，等等。这些产业项目虽然都不大，但经过几十年的发展，却让温州人成了有钱人。有钱人如果继续做这些熟门熟路的产业，势必更容易获得成功，所不同的是，有钱的温州人不再局限于投资这些小的产业，他们已经有资本投资利润更大的实业。

蒋先生原本是做实业的，他听说股市赚钱快，因此特意来到上海，聘请了几名专业人员进行股票的投资管理。结果是，他仅在这个领域做了几个月，就赶紧抛掉了手中所有的股票，重新开始做实业。

“股市太难搞懂了，我现在也说不清怎样才能让自己稳赚不赔，现在想想还是做实业比较顺手。”重新回归实业的蒋先生这么评价自己在上海打拼几个月的成果。

这次他投资的项目是变压器。在他看来，变压器市场很大，只要人们用电，就离不开变压器。他的变压器厂就设在唐山。谈起选厂址，蒋先生说：“这里不是号称‘京津唐’工业基地吗？工业基础比较好，而且靠近北京、天津用电大户，再加上工业基地本身用电量就很大，我的变压器销路根本就不是问题。”

像蒋先生这样立足于实业的温商有很多。虽然炒房团、炒油团等各种炒团表现得异常火爆，那是因为在此之前国内还没有见过这么大资本的炒作方式，轰动一时。绝大多数温商，其实仍旧在老老实实地从事实业，只有实业投资才会让他们心里更踏实。

对实业感兴趣的温商，绝对不会对一线大城市感兴趣，因为实业的性质决定了投资一线城市是不明智的。因为一线城市劳动力昂贵、地皮昂贵，投资所需要的一切前期投资，都比在二三线城市要高得多，这就决定了二三线城市、传统的工业城市及劳动力富余的中小城市成为他们的首选。

总之，在竞争越来越白热化的今天，除了房产投资仍然不放弃一线城市之外，温州人对二三线城市的投资热情一直极为高涨。当大量的温州资本转移无方的时候，会有更多的温商重拾实业投资，届时，二三线城市更是他们关注的焦点。

成熟投资环境并非总是最佳投资场所

如果你有一笔丰厚的资金可以投向海外，那么你会投向哪个国家或地区？

既然投资成本不是问题，按一般人的思维，当然是选择人多机会大的国际大都市，诸如纽约、巴黎、伦敦等，一般思维正常的人，绝不会想着投资埃及的开罗。开罗虽然也算一个知名城市，但我们知道，它除了旅游业比较吸引人之外，别的似乎没有什么拿得出手的地方。

但温州商人李稳却另辟蹊径，向这个濒临沙漠的城市投资了一大笔钱从事箱包的生产。他的投资结果怎样？一年后，销售额已经达到400多万美元。据李稳介绍，他的企业是埃及第一家箱包生产企业。埃及政府非常欢迎他的这项投资，长期以来，埃及的箱包长期依靠进口。李稳办了这个生产企业之后，不但有20%的产量可以销往埃及全国，其余的还可出口摩洛哥、阿尔及利亚等地，这些地区非常买埃及的账，李稳的箱包简直供不应求。更令人惊喜的是，埃及对箱包这样的轻工业有特殊政策，如箱包出口可以免增值税、享受零关税等，而且对于出口的轻工业制品政府还发放一定的补贴。

总之一句话，李稳在埃及的箱包投资可谓名利双收。他还准备再追加投资，力争在两年内将箱包的销售额突破1000万美元。

看到这里，你是不是觉得温商李稳太幸运了呢？为什么别人没想到在开罗投资一个箱包企业呢？

有一句话：偶然中存在着必然。当你也想在埃及投资一个箱包企业的时候，你已经走向了必然的失败。

李稳之所以投资埃及，而非纽约、巴黎等这样的国际大都市，是因为他不想让自己卷入竞争，只要有竞争，利润就会被他人分走一部分。选择这种有竞争的投资项目，在温商看来是非常不明智的。当你也想着在开罗投资一个箱包企业的时候，其实就是主动参与竞争，主动降低了利润。因此哪怕在这场竞争中成功地分得了一杯羹，这种赚钱方式也是不被温商认可的。

没有竞争的市场，是温商追求的终极目标。可是，哪里的市场才会没有竞争呢？世上恐怕很难找到不存在竞争的市场——此言差矣，李稳不就是一个很好的例子么？

只要敢想“拥有一个没有竞争的市场”，温州人就能找到，他们的方法很简单，或者说看起来很“冒险”。

对比一下开罗和纽约，你很容易就得出这样一个结论：表面看来不起眼的市场，要比那些看起来机会多多的市场，更容易赚到大钱。

与纽约等繁华的国际大都市相比，开罗的市场确实萎靡了一些，投资这里似乎是一种冒险。但俗话说：“越危险的地方越安全。”因为看似冒险的投资，其实是基于深思熟虑基础上的明智选择。

温州人虽然看起来喜欢冒险，但却不莽撞。他们宁愿投资影响力较小的城市，这其实是一种高明的投资策略。

一线的城市，通常是投资的热点。这里投资环境好，各种法制政策都相对比较健全，周围的市场也比较成熟，加上人流量大，所以往往会成为投资人的第一选择，通常也会被认为是最安全的选择。不过仔细分析一下，你会发现“越安全的地方越危险”。因为以下三点，若不及时规避，很难在资本市场杀出一条血路。

1. 成熟的市场比较适合大资本商运作，资本不多最好不要轻易为这个都市的繁华再作贡献。

稍微留意一下，我们就会发现，在北京、上海、广州、深圳这些一线城市，外商资本特别多，跨国公司也有很多。他们资本雄厚，技术条件好，管理机制好，国家给他们的政策相对也会好一些。这种大企业一切都比较正规，与这个成熟的市场比较匹配，因此能维持正常的发展，赚取应得的利润。小企业家如果与他们经营了同样的产品，那就死定了。

最好的结果也只是做一些“山寨”产品赢取低端客户。否则就只能另选其他投资项目，选那些他们所没有想到的投资项目。可这种项目更难找，一时之间不见得能想出一个点子，即使选了一个好点子，又很快被市场跟风，难以获得理想的利润。当然你也可以将这个好点子做大，前提是你要有足够多的资本，否则在物价普遍高涨的大城市，很难获得预期收益。

2. 市场越大的地方，竞争也越大，利润也就越少。

人们往往对大的市场趋之若鹜，以为那里遍地是机会，遍地是商机。却没有反过来思考：你这样想，别人也这样想，于是大家熙熙攘攘一窝蜂挤进这个大市场，形成了残酷的竞争。

不是说竞争不好，毕竟人类历史就是在竞争中前进的。但对于某一个特定投资者来说，在惨烈的市场竞争中，你所得到的利润可能只是很小一部分，绝大部分都为这个市场的发展壮大作贡献了。如果你甘心这么做，那么你就拼命地往里面砸钱吧，都市不会因为你投入一小部分的资金而更加繁华多少。

如果你想牺牲自我为市场发展作贡献，完全可以投资一个小一点的市场，投资那些别人不屑于投资的市场。因为小市场一般都是没有人挖掘的价值洼地，投资这些小地方，你不但可以发展壮大小地方的市场，而且还能独占鳌头，一人独享利润，一举两得。

3．大地方的市场相对来说要比小地方的市场难做。

举个例子，假如我们现在手上有20万元，打算投资一个服装店。

如果将这笔钱投资到北京，可能交了房租，装修一下店面，就不会剩太多的钱了。剩下的钱要进货，由于资本有限，所进的货，可能款式不太新潮，可能面料不会太好。即使所进的货没有任何瑕疵，也只能入一般消费者的法眼，这是比较好的结果。然后是销售。北京的市场多繁华呀，来来往往都是世界各地的名流，人们的眼界高了，对服装的要求也会很高。结果，这个服装店不但不入名流的法眼，连普通消费者也会对其挑剔。最后，这20万元砸进去，很难见到收益。

再看看若将这笔钱投资到一个二线城市，或者三线城市，如石家庄或者洛阳，会有什么样的效果。首先房租及店面的装修费相对来说会便宜一些，那么剩余的资金也会多一些。然后拿这笔钱去进货，相对也能进一些无论款式还是面料更符合消费者心理的衣服。然后是销售市场的对比。这两个城市的消费群体其实也很大，但他们不属于满大街都能看见名流、看见穿着世界名牌服装的人，人们的眼光也就不会太高，见到普通的衣服也就不会很挑剔，因而很容易消费成功。

两者对比，我们很容易就会发现一些细节上的问题，投资大城市要比投资小城市获利困难得多。

温州人这种偏好小城市投资的习惯，其实可以用一个专业术语来概括：蓝海策略，与之相反的是“红海”。所谓蓝海战略，通俗地讲，就是开创无人竞争的市场空间，开创新的市场需求，规避竞争；“红海”，即血海，竞争的双方或多方通过降低价格或削减成本，在市场上展开一场没有硝烟的战争，一线城市竞争残酷，通常就是在红海中冲杀。温州人独辟蹊径开拓中小城市，其实就是在有效地避免“血海”，远离危险的投资战场。

正是因为这种独到的投资策略，在改革开放之后，当中国人大规模地涌向南方、沿海地区打工和创业时，温州人却反其道而行，往北方跑，往内地跑，往落后的城市跑，甚至到塞外边陲、穷乡僻壤做些小生意。结果改革开放30多年过去了，往南方、沿海地区跑的人仍旧在四处创业，温州人却怀揣着几万亿资本在各个领域掀起一阵又一阵的浪潮。——他们用自己的亲身实践告诉我们：投资，还是去那些看似危险的地方，远离那些成熟“安全”的市场！

⟹ 投资心经：投资，要挖掘价值洼地

晋代葛洪在《抱朴子·明本》中说："然物以少者为贵，多者为贱。"物以稀为贵，这是人之常理。投资市场也是如此。温州人热衷于投资中小城市，中小城市在他们眼中就是"物以少者"，当然就比较"贵"，能获取丰厚的利润。

其实不只是中小城市，能成为"物以少者"的投资场所，都是"贵"地。纵观温州人的投资思维，他们之所以能够成功获得高额利润，是因为他们总是极力避免竞争。大家都涌往大城市，他们就偏偏向小城市甚至边陲地区跑。那些我们认为是"洼地"的投资，他们偏偏就"少者为贵"发了财。

按照这个思路，我们还可以得出一个更宽泛的结论：热门的投资项目远远不如冷门项目获利多；冷门的投资项目虽然乍一看是"价值洼地"，但却因为"少者为贵"而成为"聚宝盆"。因此，我们与其一头扎进火红的投资市场被"烧焦"，不如退一步，回到冷门的投资场所，冷静从容地赚钱。

而事实上，温州人也确实是这么做的。如在房产投资火热的时候，一部分温州人选择了投资商业地产、炒商铺，也赚了不少钱。还有一部分温州人则选择投资地皮，所获利润不比房产少。再如，在全民火热炒股、炒黄金的时候，温州人尝试炒古董、字画、白银，最终也因为"物

以少者”而获利匪浅。

总之，一切有巨大升值潜力，且现在处于冷门的投资项目，潜力还未被发掘的都是“物以少者”，都有巨大的利润空间。

举一个简单的例子，人们普遍认为价格贵的商品获利空间更大，如销售一台电视机比销售一块肥皂获利更大。因而很容易一窝蜂地选择那些利润空间更大的商品，如投资电脑、电器等行业。但温州人却敢于另辟蹊径，投资一些看似价值低、利润小的项目。如很多温州人都投资过纽扣、标签、标牌、商标、打火机、烟具、小饰品、小玩具等小项目，温州阿婆们甚至可以从家里扯一根电话线来做电话超市。这些一般人看不上的小生意，因为竞争小的缘故，所以付出较少努力，就能获得较大回报。

其实这种冷门项目的小额投资，对那些资本不多的人来说更可靠。因为它们都是别人不屑于做的冷门产业，完全可以从这些小项目投资中赚取人生的第一桶金。

综上，温州人喜欢投资不起眼的场所，并非故意想显得与众不同，而是眼光独到。那些成为焦点的投资，虽然表面看起来很火、充满诱惑，但同时也是一个充满竞争的陷阱。稍有不慎，投进去的资本可能就无法收回，被火热的市场所吞没。冷门投资项目，虽然像洼地那样不起眼，但却深藏宝藏，只要用心挖掘，就能获得巨额财富。

5 第五章
借助“民间”的便利

- 要投资生意，先投资人情。
- 傻瓜才会拿自己的钱做生意，用别人的资本为自己赚钱才是王道。
- 投资最重要的关系网——亲戚、乡邻和朋友。
- 只要有钱赚，刚吵过架的人也能成为朋友，仇敌也能成为亲人。
- 人多好办事。朋友多了，所需要的消息、资金、客户及其他一切所需的东西才会滚滚而来。
- 借钱要给利息，哪怕双方是亲密友人甚至骨肉关系。
- 不用签约，无需抵押，只凭签名有人就可获得银行的2亿元贷款。

要投资生意，先投资人情

上海巨人商业发展有限公司陈颂楠，在总结自己多年从商经验时，谈到了人情关系的重要性。

他说，自己最初做生意，一下子赔了40多万，身上只剩下500元钱。然后，他就用这500元钱请客吃饭，当时到场的朋友有20多人。陈颂楠诚恳地讲了自己的处境，希望诸位朋友都帮一把。在座的人都答应借给他2万元钱——有的人甚至一下子拿不出这么多钱，但也通过亲戚朋友帮他凑到了。就这样20多人每人2万元，他一下子就筹到了40万元。

这听起来似乎很不可思议，但温州人就是这样交朋友的。像陈颂楠这样的好运，温州人似乎很容易撞到。据说，温州人的商会是这样进行的：如果你急需一笔钱来做生意，就广发“英雄帖”，请同一个地方的亲戚、朋友、同学、老乡及其他熟人参加，讲清你的处境，那么大家平均一个人多少钱，很快就能凑够你所需要的。例如你需要8万元钱开一个小店，那么到场的20个人，每人会借给你4000元。

看到这里，我们可能会羡慕那个好运的借钱者：要是谁也这么大方地借我一大笔钱该多好呀！有了这笔钱，我可能会如何如何。

如冰心所说：“成功的花，人们只惊羡她现时的明艳！然而当初她的芽儿，浸透了奋斗的泪泉，洒遍了牺牲的血雨。”投资之路虽然不像花开那样，但二者的努力与奋斗程度是一样的——没有前期的铺垫，怎么可能会有后期的收获。

投资生意之前，你很有必要花费大力气投资人情，让人情为你埋单。

怎样拥有那种不计后果甘愿帮你赚钱的朋友呢？学学温州人的招数：

招数一：交朋友只是交朋友，不想回报。

一位从事建材生意的温州老板说：“做建材生意也需要公关，但这种公关并非花钱买路，而是交朋友。我的公司就有人专门和政府各个分管部门打交道，也不贿赂他们，就是每隔一段时间联系一下，大家坐一坐，聊聊天，或者请他们吃顿饭。我这样做并不是让这些公务员们违反原则替我做什么事，只是纯粹地交朋友而已。时间久了，他们就会发现其实我们不是有求于他们才与他们套近乎，大家就会放心地与我们交往。当彼此成为朋友之后，聊天之余不免透露一些对我们有用的信息，这样在相互交流中获得对自己有价值的信息，我的目的就达到了。”

有时间就跟朋友吃吃饭、喝喝茶、聊聊天，这对现代人来说是再正常不过的交流方式。但只做到这一步是不够的，大家会将这种交情理解为“人脉即钱脉”，属于“应酬”的范围。用这种方式结交到的朋友，大家心知肚明，归根结底都是在互相利用，属于“功利性社交”。

非功利性社交，则是怀着一颗交朋友的心认识别人，而不是怀着一颗“有用性”的功利心认识别人。上面这位建材老板的公关部门，结交政府人员，并没有在请大家吃饭之后让对方为自己做什么具体的事。不怀着一颗求人做事的心交朋友，这既是对自己的尊重，也是对对方的尊重，只有这样通过彼此尊重的交往方式，才能交到肯为你掏心的朋友。说不定什么时候，他就提供了对你有用的投资信息——虽然朋友存在的最终价值仍然是为你所用，但这是对方心甘情愿主动提供的服务，而不是双方心知肚明的回报行为。

非功利性的人情投资，其表现方式是多种多样的，温州人发明了五花八门的投资方式。他们最擅长而且见效最快的一招就是捐助政府的公益事业，帮政府树立公益形象。这种做法，往大处说，提高企业知名度，往小处讲，其实就是一种人情投资，而且这个人情很大——为当地政府解决财政问题，赢得当地百姓口碑。有了这些有利的因素，温州人做生意怎能不越来越顺呢？

招数二：不拿友谊当交情，而是长期的互惠互利。

有人曾这样描述温州人："火星人落到地球上被逮住了，东北人会问他有没有户口；北京人会问他与人类有没有血缘；上海人会搞外星人展览，卖门票；广东人会问他身上哪些器官可以吃；而温州人则会立即请他吃饭，打听火星上有没有生意做，请他帮忙介绍。"

一个冷笑话，却道出温州人是多么的"利欲熏心"。只要有钱可赚，哪怕是未知生物，也可以当朋友一样请客吃饭。

有人问他们："难道你们不怕外星人吗？"

他们答："没事的，我帮他熟悉地球的环境，他就会带给我有用的信息。"

温州人傻吗？

表面上看来，温州人似乎从来不知道什么叫做"人心险恶"、"朋友经不得风雨"。他们肯为朋友付出，是因为朋友也会对他们有所回报。友谊不是简单的交情，而是长久的合作，彼此互惠互利才能走得更远。

前文中所提到的温州商会的借钱方式其实就是一个很好的例子。没有任何担保，但只要我有，就会借钱给你；暂时手头没有的话，只要你邀请我参加了商会，我哪怕借钱也要将你所需的钱凑够给你用——这种舍己为人的助人方式，也许只有温州人才敢做。

当然，投入越多，收获也就越大。哪天如果你也急需一笔钱做事，你也可以采取同样的方式将所有朋友都请到一块儿，因为你前期已经投资了人情，这时很容易就能得到回报，那些昔日受过你恩惠的朋友，哪怕没能力凑够你所需要的钱，也会两肋插刀努力帮你的。

招数三：放下一切狭隘心理，广交天下朋友。

我们人类天生有一些心理上的疾病：爱面子，难以接受别人的批评指责，不能容忍自己不喜欢的东西，等等。而温州人呢？他们似乎天生对这些疾病免疫。

据说一位姓曾的温州人，在挤火车的时候，与一位乘客发生了一点不愉快，两人还争吵了几句。坐定之后，曾先生发现那位乘客非常健谈，而且言语之间听得出来是一位有身份的人。于是曾先生主动向那位乘客道歉，并表示对对方的学识感到倾慕。快要下火车的时候，他甚至与那位乘客交换了联系方式，并且表示要请对方吃饭。

那位乘客下车之后，旁人问曾先生：“你怎么还想请人家吃饭呢？刚才他明明对你说了很难听的话，怎么就那么轻易地原谅别人了呢？”

曾先生却回答道：“其实我自己也有不对的地方。再说多个朋友多条路，我相信以后他肯定有能帮助我的地方。”

事实证明，曾先生的大度获得了预期的收益，他已经与那位乘客做了十几年的朋友，而且对方确实也在他生意最需要帮忙的时候多次伸出援救之手。

温州人放下了面子，获得了预期收益。

难道温州人不爱面子吗？他们当然也爱面子，但在他们的概念里，没有钱才是最没有面子的事。因此，只要有钱赚，他们就能跟刚吵过架的人成为朋友、能与仇敌成为朋友。因为这种大度的胸怀，温州人遍天下，他们的朋友也遍天下。人多好办事，朋友多了，他们所需要的消息、资金、客户及其他一切所需要的东西，自然而然会被形形色色的朋友摆放在面前。

戴尔·卡耐基曾说过：“专业知识在一个人成功中的作用只占15%，而其余的85%则取决于人际关系。”温州人最能理解这句话的深刻含义。如果说“活着就是为了挣钱”是温州人的人生理念的话，那么投资人情、投资人脉就是实现这个人生理念所必不可少的能力。从某种意义上来说，拥有多广的人际关系，就能拥有多少金钱，攥的人情越多，赚的钱也就越多。

基于这样的生财理念，温州人每到一处，首先就是寻找人际关系：交朋友，找乡党，组织商会等，一切可以与人产生交情的方式，他们都会利用，然后以最快的速度融入当地社会。

钱不够，朋友凑

一般我们想要靠投资赚大钱的时候，最苦恼、最难以解决的问题是没有投资成本！

“没有本钱，拿什么投资呢?”这是我们通常的无奈。

甚至还有一些人扬言：“只要现在谁给我多少多少钱，三年后我就能赚回多少多少。”说这话时，语气之坚定，话语之铿锵，信心之满满，让人感觉到一种英雄式的悲壮。事实却往往令人无奈。一般情况下，没有人拿一大笔钱给我们投资，有赚大钱的好事，投资人自己就享用了，怎么可能让我们白白占这个便宜呢?

因为没钱，我们只能沦落为普通人、一般人，难以干出一番事业。

温州人不是普通人，他们没有钱也照样敢投资，没有钱也能创业。在他们的概念里，只有傻瓜才会拿自己的钱来做生意，用别人的资本为自己赚钱才是王道，所以空手套白狼的温州人比比皆是。

某财经杂志刊登了一则温商这样的筹钱方式。

温商蔡先生的生意陷入了困境，急需资金周转。可家里除了几件祖传的古董，再无别的钱，而这些古董已经传了几代人，蔡先生不可能让它们在自己手中丢失，况且古董越放越值钱，现在决不能为了一时急用就卖掉它们。最后，蔡先生还是借助这些古董，筹到了自己想要的资本，但是没有卖掉古董。

他是这样做的：蔡先生先请朋友将古董拿到拍卖行中拍卖，然后自己向朋友们借到200多万元。等到拍卖那天，蔡先生西装革履地偕同夫人及借到的200多万元奔赴拍卖行，两人分开坐。拍卖开始了，拍卖师报出100万元的低价，然后等下面的人响应。

蔡先生看无人应答，就自己举牌道："120万！"

拍卖师刚叫一声："120万一次……"

蔡夫人就在另一边大喊："150万！"

夫妻二人这样一唱一和，煞有介事地将古董的价格喊上去了，台下开始有人争抢，一路争抢到250万，眼看不会再有人喊了，蔡先生以无比坚定的语气喊道："260万我要了！"无人再喊出更高的价格，蔡先生买回了自己的古董。由于古董的所有者是蔡先生，所以古董的拍卖价260万自然为他本人所得，古董被他拍卖到，当然还是他的传家之宝。

虽然表面上看来什么也没改变：那260万是借朋友的，欠钱是要还的。但仔细算一笔账你就会发现，现在他手中的古董已经价值260万。他凭着这个拍卖证书将古董抵押给银行，获得一大笔资金，然后用这笔资金重新投资自己的生意。后来他的生意做大了，古董自然又赎了回来。

在这个案例中，蔡先生虽然借助了拍卖行将古董的价格升上去，之后筹到了自己所需要的钱，但不可否认，朋友的借款发挥了很关键的作用。

看到这里，一般人也许会很吃惊：这是什么关系的朋友？竟然一下子肯借给他200多万元！

只是一般的朋友而已。你我身边平常过节能发条短信问候一下的朋友，对温州人来说都是可借钱和被借钱的朋友。我们在感叹温州人人情关系浓厚的同时，不由得翻上来一点点小心思：那个借钱的傻瓜，难道不怕朋友卷款逃走吗？因为无论是现实生活中，还是我们在电视、电影中所看到的，合伙人之间经常会发生卷款逃走的事情，温州人为什么不担心这个问题呢?

温州人之间很少出现这种事情。

世界上没有无缘无故的爱，也没有无缘无故的恨。温州人之间之所以敢大胆、毫无顾忌地借钱，并非没有缘由，也是基于一定条件的。

信用是温州人发生借款关系的基本条件。

温州人借钱是最讲信用的。据2005年中国社会科学院公布的《中国城市金融生态环境研究报告》，全国地级以上城市的金融资产质量排名，温州连续多年被评为最高等级的I级城市。2008年温州银监分局统计结果也显示，温州市银行的不良贷款率仅为0.71%，是全国银行业资产质量最好的地级市，而且这个数据已经达到花旗、汇丰等国际先进银行的水平。

正是因为这种自觉还钱的信用意识，温州人无论任何时候，只要找到好的投资项目，就不会担心没有资本。在全世界任何一个地方，温州人只要拿着自己的身份证，找到当地的温州商会，哪怕身无分文，也能得到大家的资金资助。

温州人心中天生就有信用观念吗?不是。温州人的这种信用观念，是逐渐建立起来的。

改革开放初期，大部分温州人与全国其他地方的人没什么区别，大家都没有钱。除了自己艰苦创业获得人生的第一桶金之外，很多温州老板的创业资金，最初都是从亲戚朋友那里四处借来的。因为大家关系比较熟，所以借钱也不需要什么抵押，也不要借条，全靠个人的信用，在借款额很少的时候，一般也不会要利息。

钱借出去之后，并非像社会上所流行的那样：欠钱的是大爷，借钱的成孙子。对温州人来说，无论是借钱者还是欠钱者，都不会有太大的心理压力，欠债还钱是天经地义的，不用担心对方不还。一旦出现有人借钱不还的现象，他的恶劣品质立即会在圈子里传开，成为大家唾弃的对象，从此再难依靠大家生存。而且无论他是多么好的朋友、多么亲的亲人，都难以在圈子里立足，因为他永远不会得到人们的原谅。

如果说信用构成了温州人之间彼此借款的根本条件，那么互惠互利、大家共同致富就是温州人彼此借款的根本动力。

当借款金额较少时，温州人是不要利息的。但如果借款金额比较大，那就另当别论了，天下没有无缘无故的恩惠。

如果被借钱的人，对借钱者所投资的项目感兴趣，可以用入股的形式参与到投资中去。这种借钱的方式，其实就是融资。

一位姓张的温商，在上海、杭州等地都买了房子，手里没有多少钱了，而且因为有别的投资，已经欠银行100多万了。在这种形势下，当他听说投资一个电厂比较赚钱后，就立刻找朋友借钱。借钱的方式很简单，就是写清楚朋友拿出了多少钱，然后交给张先生，张先生拿着朋友的钱去投资，盈利后按比例分红。

这种让朋友入股的筹钱方式，既满足了本人对资金的需要，又互惠互利，大家共同发财。

如果被借钱的人，对借钱者所投资的项目没什么兴趣，而且借出金额又比较大的时候，他就要索要利息了。哪怕儿子向父亲借一大笔钱，也要给利息。哪怕借钱的人只是向朋友借款两个小时，虽然被借的人可能不会说什么，借钱者也会自觉地将这两个小时的利息给对方。

这不是说温州人人际关系淡漠，而恰恰体现了温州人的商品意识。因为资金周转的过程，其实也是财富生成的过程。温州人以付一定利息的方式向熟人借钱，既筹集到了自己所需要的资本，又帮助朋友钱生钱，实现了双赢。这就是温州人的借贷规则，是一种自发的行为，没有谁觉得拿利息不好意思。

这种借贷的筹集资本的方式，让沉积在民间的闲散资金得到了高效利用。从此，金钱作为一种社会资源，在温州人之间快速周转起来，形成了温州人全民共同致富的局面，这也是温州资本积累速度快的一个因素。

然而，仅仅有信用和动力，仍然是不够的。人与人之间如果没有交情，借款关系仍然是不可能实现的，正如你我不肯随随便便将钱借给一个陌生人一样。

从某种程度上来讲，温州人是最重视交情的人群，交情是他们人际交往的一切出发点。因为有了交情，大家才能互帮互助；因为有了交情，大家才有了可“利用”的理由。你跟别人没有一点交情，别人怎么可能借钱给你呢？即使是从彼此认识的温州商会中借钱，那也要有最基本的交情基础，至少大家还是同乡！

所以，温州人无论对人多么讲信用，在借钱的时候，也不会认识一个人就开口借钱。他一旦开口向别人借钱，肯定是有一定交情的，比如是亲戚关系、朋友关系、同乡关系，这三大网络就是温州人人际关系网的基本组成。温州人遇到困难的时候，首先想到的就是这三种人，他们会无条件地帮助自己。这就是温州人特有的交情。

在“温州式交情”的指引下，温州人组成一个又一个的商团，像蚁群一样形成一股坚不可摧的力量，在全国的投资市场掀起一股股浪潮。

这三个条件，信用是基础，互惠互利是目的，交情是共同发财的保障。正因为温州人的投资环境中有这三种东西存在，他们才能走到哪里都不愁找不到创业资金，不需要借条也能顺利借到一大笔钱。这是值得我们羡慕的地方，也是值得我们学习的地方。

民间借贷中“油水多”

懂得经济学的人都知道，资金周转的同时，新的财富也在生成。

但这个真理怎样具体运用到实践中，恐怕再没有人比温州人更了解。

晋先生在温州经济开发区有一个百十人规模的小厂，像他这种阶层的老板，温州比比皆是。但他的另一种身份，恐怕只有急需用钱的温州老板们才知道。

也许你已经猜到了，晋先生本人还是一位负责放款的“银行”，即俗话所说的“地下钱庄”老板。他这个身份，有一段时间甚至比他身为厂长的身份还要忙碌，比如过年的时候。

晋先生介绍到，很多企业到年关都缺钱，当筹钱无门的时候，就想到从“地下钱庄”借钱。运气好的时候，晋先生的地下钱庄一天可以放款1000多万元。因为每天都有很多人打电话借钱，而且一般借钱的人都是中小企业的老板，所需的数额比较大，几万、几十万、几百万，数额不等。一天能接五六单这样的生意，就差不多上千万了。

晋先生还透露，他经营“地下钱庄”一年之后，总共放出去大约1亿元，自己靠利息获得的收入也有几百万元。

像晋先生的这种“地下钱庄”，有很多温州老板也在经营着。这种性质虽然类似于放高利贷，但与我们普通人所理解的高利贷是不一样的。这种钱庄的性质，主要是为了给创业者提供资金上的方便，一般借款的时间比较短，而且如果是熟人的话，根本不需要担保及各种借据，也不会出现暴力催逼还款事件，完全依靠温州人的信用。而且借款的人多是熟人，生人的话，即使利息很高也不借。

在放款的时候，为了保证放出的款能收回，晋先生还跟着借款人亲自考察借款者的经营状况，直到认为对方的投资项目不错的时候，才放款。这与银行的借款政策很相似。

由于要缴纳一定的利息，加之容易影响自己的声誉，一般借主在资金周转过来之后，都会立刻还款。

这种“地下钱庄”的存在，既方便了借款者，又为“地下钱庄”的老板提供了利息收入，可谓是一种不错的投资方向。

以晋先生为例，他也是无意中发现这是一种不错的投资项目。在最初的时候，他手上有一些闲钱，他的朋友们也打拼了好几年，手上也都有一些钱。由于他的工厂在温州老家，熟人比较多，朋友们就把自己的钱先放在他这里，他们之中谁需要资金周转的时候，从这里拿，象征性地交一点利息就行了，这笔钱就相当于大家的共同备用资金。这笔钱当时大约有600万元，加上他，总共6个合伙人。

后来，随着自己和朋友企业的不断发展壮大，备用资金越来越多，他们已经不需要这么多钱来周转自己的企业了。于是6个人商量了一下：既然现在有很多老板需要资金周转，我们何不把这笔钱向外放贷？于是，这个地下钱庄就形成了。

由于利率调整相对合理，一般企业家都能承受，而且信誉比较好，晋先生的地下钱庄开始有了一定的名气。后来做久了，有更多、更有钱的老板就充当了上家，将手中的钱交给晋先生的钱庄打理，晋先生彻底晋升为钱庄老板，钱庄借贷也成了一种新的投资项目。

由于地下钱庄的存在，很多人盛传温州人全民皆贷。事实虽然没有这么夸张，但这种地下钱庄性质的民间借贷是非常普遍的。

在国家出台了新八条之后，温州资本从房产中撤出很多，资本的去向一时成为问题。在这种情况下，民间借贷因为回报率高、回报快，就成了最热门的短期投资项目。当中小企业无法通过银行来获得资金周转的时候，通过地下钱庄借贷是最正常不过的了。

民间借贷，既是温州资本合理运用的表现，也是温州资本增值的过程，为温州人的创业和资本的扩大提供了保障。

需要说明的是，民间借贷与高利贷不是一个含义。温州人所创办的“地下钱庄”，有时候是通过私募股权基金和小额贷款公司实现的，温州市政府还为有些地方的“地下钱庄”专门成立了管理小组，这就促使温州民间资本走向合法化。中国民营经济研究会会长保育钧说：“民营企业涉足小额贷款公司应该是一个重大突破，唯有如此，银行业私有化才能真正做起来。”民间借贷之所以能够在温商圈子里普及开来，与以下两大因素不无关系：

第一，市场需求大，借贷者与放贷者互相依存。

王老板投资了一个太阳能生产基地，这个投资项目前景是很不错的，尤其在广大农村地区。但这么好的一个投资项目，几乎要烂在他手里。事情是这样的，当时市场上的太阳能有一个很显著的缺陷：由于冬天阳光不强，所以冬天烧的水不是很热，难以保证人们对水温的要求。要解决这个问题，必须要投入很大一笔资金，因为这里要用到一种很贵的材料，王老板现有的资金是无法满足的。最终这个问题的解决之道，就是王老板通过朋友从地下钱庄获得了所需要的资本。

这个世界从不缺少渴望发财的人，不管是有才能的人，还是资质平庸的人，但凡有机会，都想自己当老板，实现自己的创业梦。对大多数人来说，发财最需要的就是前期的启动资金，需要一个投资成本。像王老板这样需要资金支持的中小型企业，全国还有很多。因此，民间借贷有很大的市场空间。

然而对温州人来说，民间借贷存在的意义不仅在于此，可以说主要目的不仅仅是为了自己获利，更是为了实现彼此的互惠互利，大家共同发财。

温州人“全民皆商”，个个精明，绝不会无缘无故地借款。当出现借款情况时，肯定是需要资金周转，需要扩大规模。那些放款者当然明白这一点，他们设立“地下钱庄”的意义也在于此。

在放款之前，哪怕是关系非常好的熟人，放贷者也会对借款者进行一番考察，确保所放的款能够增加财富，能够对他人有切实帮助，然后才在此基础上签订借贷合约。

双方“情投意合”，你情我愿，就促成了这一新兴的投资项目。

第二，利率高，回报快。

当炒房团、炒煤团、炒棉团等大炒团出现失利的时候，一些温州老板看到投资“地下钱庄”的巨额收益，开始“蠢蠢欲动”起来，民间借贷作为一种投资项目，开始大范围地兴起。

2010 年，中国人民银行温州市中心支行对温州民间借贷的情况做了一番调查后发现，自银行收紧贷款规模之后，温州民间借贷市场异常火爆，利率最高涨至 14.37%。如此高的利率，让温州很多民间资本纷纷借助典当行、担保公司、联合会等各种各样的形式，实现放款。

调查还发现，温州 89% 的家庭个人和 59.67% 的企业踊跃参与民间借贷。换言之，每 100 个温州人中，就有 89 个人拿出自己的“私房钱”投资借贷这个项目，从中获取巨额利润——有段时间，温州地下钱庄的月息涨到 5 分，甚至是一两角。即使如此，也总能找到下家，由此可见这个市场的火爆程度。

总之，民间借贷作为一个投资项目，已经被越来越多的温州人所接受，大家不会因为其“高利贷”色彩而忌惮。当全民对这种新生的投资项目都普遍接受了的时候，它必定会引起国家和政府的注意，银行的私有化将为时不远。

接受熟面孔这张通行证

温州人以爱交朋友著称，朋友遍天下，生意也是走到哪儿做到哪儿。不过，有很多人对温州人的交友习惯不认可。

一个上海人举例说明道："曾有一个温州人对我说：'我一看就知道你是一个可依靠的人，我相信你，我觉得我们能成为朋友。'然后我们交谈的话题就围绕着生意讲，围绕着我们彼此可以给大家哪些帮助讲。这让我感到很没趣，因为朋友是一个很神圣的字眼，温州人这种彼此利用的交友方式，令我很不爽。"

这个上海人的说法至少反映了一部分人的观点。的确，现在不少地区的人对温州人有抵触情绪。再加上2001年以来温州炒房团间接带动了房价的上涨，关于温州人的负面声音也就越来越多，温州人再想与他人谈交情、交朋友，多少都会受到一些影响，而且想依靠这种从陌生人中建立起来的交情来确保生意的一帆风顺，似乎没有从前那么容易。

即使如此，温州人也不会惊慌，依靠萍水相逢的陌路之交来拓展自己的生意，从来都不是温州人的首选。他们首选的是那些有过交情的人，这些人通常都是些熟面孔，包括亲戚、同乡、朋友，最后才是那些可利用的陌路之交。

家族式企业是温州人经营的特有模式，因此家人就是温州人的首选合作伙伴。了解温州企业特点的人都知道，温州有很多家族式企业。在企业的最初创业阶段，全家人一同出资，共同参与企业的管理与运作。这样不但有助于保证员工的稳定性，而且由于是大家共同出资，对企业的忠诚度也比较高，企业内部容易产生较强的凝聚力。即使遇到困难，所有家庭成员也会本着高度的责任感努力把问题解决，如此才提高了企业的耐久力和抗风险能力。

正泰集团股份有限公司董事长兼总裁南存辉，在创建正泰集团的时候，就是通过这种方式筹到所需资本的。

南存辉从修鞋匠开始做起，后来与小学同学胡成中合伙开了一个低压电器厂，名曰“求精开关厂”。几年后，随着生意越做越大，南存辉与胡成中在一些重大问题上的分歧也越来越大，最后不得不分家。求精开关厂被一分为二，双方各得 100 万元，同时也各分了一笔债务。

“分家”之后的南存辉，面对旧有的机器设备及运作方式，虽然有了更多的发言权，但同时也承受了更大的压力，毕竟之前的求精开关厂已经做出了一定的成绩，现在将之一分为二，无疑削弱了自身的实力。若想在原有的基础上将生意做得更大，就要寻找更多的资本。

1991 年，南存辉找到在美国的妻兄黄李益，从他手中获得了 15 万美元的融资，成立了中美合资温州正泰电器有限公司。再后来，南存辉又将自己的弟弟南存飞、外甥朱信敏和妹夫吴炳池及另一位远房亲戚林黎明拉到正泰公司，利用他们手中的资金进一步扩大了投资。这样，正泰公司就成了典型的家族式企业，虽然南存辉的个人股份由原来的 100% 稀释到 60%，但正泰公司有了更多的发展资金，亲戚的投资完成了正泰公司至为关键的基础构建，对南存辉来说，其战略意义远远大于一般意义上的融资。

正是这笔救命的融资，使正泰公司进入了快速扩张时代，南存辉从此也有资本要求正泰电器质量精益求精了。几年后，当低压电器市场由于质量问题跌入低谷时，正泰公司由于资本雄厚、质量过硬，得到了政府的扶持，从此正泰电器畅销全国。

后来人们提到温州的家族式企业，总会将南存辉的正泰公司作为典型，以此来证明家族式企业在起步期的重要作用。

东方人比较看重血缘关系和家族伦理道德，是谓“血浓于水”。因此，当家庭成员处于危难的时候，家族成员会出于伦理道德拉一把，甚至以加倍的努力来维持整个家族的荣誉，形成“亲帮亲”、“亲连亲”。否则的话，就会受到人们的耻笑，很难在社会上立足。

因此，在融资的时候，温州人首先想到的就是亲人这张熟面孔，因为社会伦理道德对人们的约束要比一般的制度有效得多。尽管现代很多经济学家对温州的家族式企业有很多不认可的地方，如管理水平低下、难以突破等，但不可否认，由于血缘之间的这种凝固性，温州的家族式企业仍然有很强的生存力和竞争力，毕竟在亲人之间组合，所产生的凝聚力要远远大于其他社会成员之间的组合。

对温州人来说，当没有亲戚帮忙，或者亲戚的力量已经全部用完的时候，乡党就是最可靠的人。这一点对于出门在外的温州人来说，尤其重要，同乡就是他们最信任的“外人”。

俗话说：“老乡见老乡，两眼泪汪汪。”温州人最能体会其中所蕴含的情感。因此，每个初到外地的温州人，第一件事就是寻找同乡，既通过同乡全面熟悉市场情况，又看看彼此之间能否互相提供帮助。

对一般人来说，投资最大的困难是缺乏资金，但这点儿困难在温州人眼里根本不算什么。

赤峰市温州商会的郑会长说：“温州人之间流行一句话：‘同乡即为财富。’只要谁有一个好的投资项目，融资不是问题。肯定会出现有钱的同乡帮忙解决，而且他们的融资根本不需要签订任何合同，只要一个口头协议就行。所以只要有赚大钱的机会，几个温州同乡就会联合在一起凑钱，分别形成大小股东，大家抱团将所需要的项目买下来。”

郑会长所讲的这种融资，是温州人抱团的一种表现，只要有共同的利益驱使，温州同乡之间就会组成这种“集团”。像前文所提到的南存辉与胡成中合伙办厂的例子，其实用的就是这种筹钱方式。因为大家是同乡、是熟人，所以彼此都会无条件地信任，谁若做出违背道义的事，那么此人在温州人的圈子里绝对再无立足之地。

商会上的融资，也是温州人最常见的融资方式。参与商会的温州同乡，之前可能并不认识，但只要表明自己的身份，只要参与了“商会”，当某一个人有困难的时候，大家就会提供帮助。这种帮助没有任何功利性，不用付利息，也不用签合同。通过这种传统的民间集会的方式，很多温州人都有资本当了老板，而这个老板有钱的时候，后来者需要筹钱的时候，他也会义无反顾地提供帮助。这种集资方式代代相传，温州人便形成了以亲戚、朋友、老乡为形式的生存网络，因此温州人走遍天下都不怕。

尽管现在温州人的名气大了，银行的政策也宽松了许多，但大多数温州人在创业的初级阶段，仍然会通过商会的力量筹集原始资本。商会上同乡的融资，对温州人来说是最实用、最可靠的方式之一。

之所以选择同乡，最根本的原因仍然是信任。温州人通过商会，彼此之间已经建立了一种十分默契的关系，知道欠钱的人会还，也知道自己有需要的时候能筹集到钱。因此，无论是在异国他乡做生意，还是在偏远角落搞投资，温州人总能找到同盟，如此降低了在异地生存所面临的压力和风险，促进了彼此的发展。

除了亲戚、同乡，第三个可依靠的人就是自己的朋友了。这一点我们在前面已经讲过许多，这里就不再赘述。

总之，温州人的投资，离不开自己的社会网络，而在他们的网络中，最重要也是最熟悉的人群，就是亲戚、同乡、朋友这三种人。与其他人群相比，这三种人相对来说是最熟悉、最值得信任的人，也是他们遇到困难时首先能寻求帮助的人。

顺便讲一种现象。据统计，浙江和上海是合同履约率最高的两个地区，因为这一带的温州人较多。与此现象相符的是，温州的地下钱庄的坏账率很低，比国有银行的坏账率还要低许多。

看到这种现象，有人会说温州人比较讲信用。但为何不说他们彼此相信对方呢？因为所合作的对象多是可靠的熟人，所以他们甚至不需要合同、合约，也能筹集到资本、获得帮助，这就是温州人经商的一大特点。

看重信用这把金钥匙

温州人之间流行这样一句话：“有借有还，再借不难，有借不还，全家败完！”后半句虽然恶毒，但足见人们对借钱不还的痛恨。因此，温州人之间借钱，可以不用签合同，全凭这种观念的约束，借钱必还就相当于温州圈子中的“潜规则”。

在这种“潜规则”的约束下，温州人创造了别人难以想象的神话。先是2008年一篇名为《温州人借钱最讲信用银行不良贷款率仅0.71%》的报道，让人们见识到温州人的信用环境。接着，圈子中又流行起了“金笔效益”。

所谓金笔效益，即温州老板手中都有一支“金笔”，他在借款的时候，不需要抵押，不需要担保，只要签上自己的名字，凭着一个签名，就可以从银行贷到千万元的贷款。例如上海美特斯邦威股份有限公司的董事长周成建，他就曾只靠签名获得工商银行一笔高达2700万元的贷款。工商银行之所以如此放心大胆，除了周成建的企业经营良好之外，他的个人信用也起了至关重要的作用。类似的企业家还有正泰集团的董事长南存辉，他从农业银行温州分行获得过2亿元的签名贷款。

除了这两位知名企业家之外，温州还有很多靠这种借贷方式发展起来的中小企业。工商银行曾公布过一个数据：温州支行通过这种“金笔效益”发放的贷款，在2008年已经高达8%。

这些数据充分说明，温州人已经建立起良好的信用环境，不仅为自己赢得了投资的资本，还赢得了银行的信任与合作机会，为创造更多的财富提供了条件。

不仅对银行讲信用，温商在民间也有很高的信用度。

上海有一家专门经营礼品、工艺品、饰品的企业，老板姓林。2007年，林老板赊销给一位温州客户50批货物，一不小心，弄丢了票据。这50批货物价值高达数十万元，令林老板欲哭无泪。抱着试试看的心态，林老板直奔温州，尝试着给温州客户解释。没想到温州客户弄明白他的来意之后，当即爽快地拿出自己的票据，让林老板参照这个数据重新填一份。两个月之后，这笔赊销款就全部打到林老板的账户上。这让林老板感动万分，从此不但爽快地赊销给温州客户，而且还主动给对方提供方便，让彼此都能得到最大的利益。

林老板所经历的事，虽然不是借钱的事，但从另一个侧面反映了温商对信用的看重。

温商之所以这么看重信用，与下面几个因素密不可分：

1. 信用是温商创业之本。

温州很多中小企业都是通过借贷发家的。

如甲想投资一个项目，但资金不够，在创业初期，由于难以从银行获得贷款，就只能向自己的亲戚、朋友开口。如果钱数不是太多的话，看在彼此的交情上，亲戚、朋友都会借给他。如果所需要的数额较大，这些亲朋好友坐在一起研究讨论一番，觉得此项目有较大的利润空间，就以合伙人的身份入股，帮助甲完成初期资本的筹建。

如果甲没有拉来合伙人，只是纯粹地借款，那么他借款的时候要说明什么时候能还。生意亏了没什么，还得晚了也没什么，但就是不能故意不还。一旦发生不良信用，他的臭名会一传十、十传百地在整个温州圈子里传扬开来，欠钱者就成为整个温州团体唾弃的对象。此后如果他再想通过民间借款的方式完成投资，根本不可能。

不仅如此，因为已经发生了信用危机，他的企业在温州很难有市场，也不会找到合作伙伴。所以，没有人会冒着这样的危险毁掉自己的名誉。

因为这种不成文的“契约精神”，每个温州商人需要借款的时候，都会主动自觉地维持着自己的信用形象，以便在需要的时候，能得到整个温州团体的帮助。

这种民间借款的方式，对温州资本的积累发挥了重要作用。

众所周知，向银行贷款是需要条件的，要么有担保，要么有抵押。温州人在最初创业的时候，跟全国各地其他地区的人一样，都没有足够的钱来投资。只能做一些小生意慢慢起家，或者通过这种民间借款的方式，来满足中小企业的初期融资。如果采取民间借款的方式来获得创业初期的资本，信用就是他们至高无上的“法律”，是温州资本积累的“第一生产力”。

正是因为信用已经成为温州人必须遵守的法则，他们在这种不成文法则的约束下，为自己赢得了各种机会。如获得了投资成本，获得了别人的尊重与信任，获得了合作机会，获得了社会各方资源的信赖。银行之所以敢通过“金笔效益”的方式给温商贷款，就是基于之前已经形成的良好信誉。

有了社会各方资源的支持，温商在投资的时候，只要有好项目，就不怕筹集不到资本。

2. 信用是温商发展壮大的助推器。

多数时候，守信对温商来说，是获得进一步发展壮大的必备品格。

这个道理是很明显的。举例来说，某温商急需一笔资金改善自己的设备，这就需要找融资。如果向银行借款，除了抵押和找担保之外，也可以利用“金笔效益”，这种借款方式虽然可行，但容易受到局限。借款者至少应该是当地一位小有名气的温商，才能够赢得银行的充分信任。另外，自己的企业还要运作良好，让银行没有后顾之忧。只有这两个条件都满足了，他的签名才称得上“金笔”。当然，如果他像周成建、南存辉一样成功，通过这种方式扩大投资完全没有问题。

如果借款者属于中小企业的一般老板，在一定范围内没有那么大的号召力，难以通过个人信用获得银行的信任。那么他还可以向商会借款，向亲朋好友寻求帮助。这时信用就发挥关键作用了，良好的信用历史是他筹集到资本的关键。

资金不足、设备不佳对很多中小企业来说容易形成瓶颈，因为看重信用这把金钥匙，所以不守信在温商那里基本上不会出现，从这个意义上来说，信用是温商发展壮大的助推器。

3. 信用对温商来说是一种生财手段。

温州人发明了一种令人拍案叫绝的融资方式：赊货变现。这种融资方式的形成与温州人的信用习惯是分不开的。

众所周知，参茸原产东北，但参茸市场却在温州，海外客商需要参茸的时候就直接向温州人进货。其实温州人的参茸也是从东北进货的，而且他们所卖的价格比东北原产地还要便宜一些。难道温州人傻吗？怎么做起赔本生意来？

原来，温商只在前几次进货的时候给东北人全额付款，等彼此熟悉信赖的时候，温商就开始赊货，每次只付一部分定金，承诺年底再结账。由于之前已经建立了较好的合作关系，所以东北人对温州人也比较信任，因此双方建立了良好的长久合作关系。

可新的问题出来了：参茸从温商手中卖出，明显是赔本的，这样的生意怎么能长久做下去？因为温商的参茸价格便宜，所以吸引大批海外客商，这些商人所需要的量很大，温商因而获得大笔资金。然后，温商并不急着将这笔资金付给东北人，只要年底结清就行了，在此期间，他们用这笔资金投资其他项目——这些项目赚取的都是高额利润。

结果是，温州人虽然在参茸生意上赔本了，但赔的却是一小部分，通过参茸生意获得了大量资金，这些资金就成为他们更大项目投资的原始资本。温州人的精明，真是让人不敢想象。

这种生意做成的关键，就是信用。正是由于彼此建立了良好的信用关系，温州人才借助参茸生意这个桥梁，实现了原始资本的积累，为进一步扩大投资奠定了坚实的基础。

换言之，信用在温州人眼里，已不仅仅是一种品格，更像是一种生财的手段。参茸这个经典案例，明显就是借助自己的信用做赌注。结果，他们赢了。

让我们再次回到一个老问题上：为什么温商的资本累积速度这么快?

信用就是最重要的一个因素，信用对于温州人来说就像一种隐形的资本。因为整个圈子都有较好的信用意识，温商才能将民间闲散的资金集中起来，才能更好地抱团合作，整个温州资本才能像滚雪球一样越滚越大。

谨防陷入经济纠纷

2008年6月下旬，温州市鹿城区人民法院接到了一起关于民间借贷的经济纠纷。

事情非常简单：被告人为一家服饰公司的老板，向原告借了120万元。双方事先约定这笔款分两期还清，第一期资金60万元应于2008年3月5日归还，第二期资金60万元应于2008年4月5日归还。

乍一看，这起案件怎样判决，应该很清楚，双方根据合同履行责任和义务就行了。但知情人却透露，事情并不像表面上看到的那么简单。因为双方所有的手续只是一张借条。这张借条上明明白白写着被告借了原告120万元，但其实拿到手中的可能只有90万甚至80万都不够，多余的那部分，属于利息。很明显，这起民间借贷业务，有点高利贷性质。被告很可能是在急用资金的前提下，无法筹集到款，只好通过地下钱庄借贷。而他的生意可能并没有事先所估计的那么乐观，到期无法归还款项，在无法与原告达成新的协议时，只能通过法律手段解决。

类似的民间借贷纠纷，在温州已屡见不鲜。

出现这种现象，并非温州人的信用降低了，也并非温州民间借贷市场已经到了无法控制的地步。根本原因在于，对温州人来说，借钱的人太多了，被借的人也太多了，正所谓温州人“满城皆放高利贷”。套用一个不恰当的比喻：夜路走多了，总会遇到鬼。凡事的存在已经到了普遍性的程度，在相应的法律政策还没有出台之前，火热的温州资本借贷市场必然会出现利益纠纷。

事实上，在“满城皆放高利贷”的局势下，想躲都躲不开。因为在温州人的概念里，借贷与生产某种商品一样，都属于一种投资项目，钱已经变成了一种特殊的“商品”，在借款者与放贷者之间流通。一些放款者对于自己手里的资金，就像推销一般商品一样，推销借贷业务。

举个例子，有的人有时候可能会收到这样莫名其妙的短信：“你急需用钱吗？XX 集团长期为你办理（月息 3%，年息 10%）无担保、无抵押贷款。当天为你办理，当天放款。详询：13XXXXXXXXX 某经理。”或者有人操着一口标准普通话给你打电话：“您好，这里是 XXXXX 金融投资机构，我公司专门为您提供无抵押贷款……”打开报纸，更是各种铺天盖地的借贷业务，各种担保公司、投资公司的广告，其实有一部分就是这种性质。

总之，温州民间资本数额巨大，温商如果急需资金来周转，即使不通过银行，也不愁没有借款的渠道。

关键是，对于借款者来说，要保证怎样筹到的钱才是可靠的，才能避免高利贷的陷阱。另一方面，对于放款者来说，将款放给什么样的人才能在规定的时间内收回又不发生纠纷。

良性的借贷关系，无论是借款者还是放款者，都要综合考虑方方面面的情况，至少以下几条因素不能忽略：

1. 知己知彼，全面衡量。

对于温州人的民间借贷，国家还没有出台相关的法律政策。温州人自己约束的方法，也只是凭一张简单的借条、收据。如果是熟人的话，可能连这些最基本的收据都没有，一切全靠道德力量的约束，这样，放贷者与借贷者之间就容易出问题。

因此，无论对于借贷方，还是放贷方，在发生借贷关系之前，最好事先对对方做一番全面的调查。

一位姓谢的老板说："自动找上门的陌生人来借款，即使利息很高，我一般也不借，风险太大了。我放款的客户，多是熟人或者熟人介绍的，至少我要了解对方的信誉情况，知道他生意经营得好坏。另外，即使是熟人，如果借款额比较大的话，我也一定要在全面了解所有情况之后，才决定是否放贷。曾经有一个朋友介绍给我一个客户，开口很大，要借1000万元。这个客户是在迪拜做外贸的，当地刚好有20多个商铺要出售，他打算全买下来，但资金不够了，就找到我。这是一笔很大的生意，利润很大，风险也很大。我特意跟这个客户到中东地区走了一趟，拜访了很多温州老乡，了解到在这里投资地产是一个很不错的项目，这才借给他。3个月之后，这个客户商铺转手成功，立刻就还款给我了。"

这位谢老板的谨慎就很值得借鉴。

民间借贷在温州有"遍地开花"之势，虽然需要资金周转的老板很多，但放贷者也不少，行业竞争比较激烈。一些钱庄的老板有时候为了抢生意，不免急功近利，看到有客户登门，就草草出借。如果遇到还款无力的客户，就容易出现经济纠纷。

对于借款方来说，在借款之前最好考虑好自己的承受能力，不要为了一时之急，盲目借钱。如果自己所经营的项目所欠的只是一笔资金，资金一到账马上就能起色。这种情况下，如果没有更好的筹款方式的话，通过民间借贷也不失为一种好方式。如果所经营的项目，暂时面临的问题较多，并不是只要一笔钱就能解决的，那么最好不要寻找民间借贷。一是利息太高，自己生意所赚的利润可能不小心就全填了窟窿，得不偿失。更坏的结果是，你的生意并没有因为这笔款就起色，后果就更糟糕了。所以，即使温州遍地都有放款者，或者你的手机经常收到无偿借贷的信息，也不要轻易受到诱惑，免得一不小心无法收场。

2. 最好有担保人或者可抵押的东西。

我们知道，向银行贷款，要么有东西抵押，要么有人担保。这样万一出现什么意外，银行至少能减轻一些损失。温州人的民间借贷方式，也应该有这样一个中间缓冲地带，借款人与放贷者在发生借贷关系的时候，担保人或者可抵押物能起到一定的作用。

如甲急需一笔资金向乙借款，除了签订必要的手续，最好再找一个双方都认识的丙做担保。因为丙熟知双方的情况，能确定甲是否能及时还款，也能确定乙放款的利息是否合乎行业规定，不会出现利息过高的情况。这样就能大大提高还款率。

为了不使丙为难，这种担保的形式可以不必像银行那么严谨，一旦出现意外，他无需承担还款的责任。丙所担保的主要内容可以是甲的人格。一旦甲不能按时还款，他就像借了商会中的钱不还的结果一样，顿时名声扫地，从此无法在温州人的圈子里立足。

至于抵押品，需要抵押什么东西，这个就不好具体说明了。借贷的双方之前要商量好，如果不能及时还款，甲应拿出什么东西做补偿，而且这个补偿物还应得到乙的同意，避免出现抵押品价值太低无法抵押所贷款项的情况。最后，将抵押的情况与合同一样，白纸黑字写清楚。

3. 借贷双方都要明白一点：借款与放款都不是目的，目的是实现双方共赢。

温州资本之所以能在二三十年内累积这么快，关键还是温州人自己互帮互助，做事比较抱团，闲散的资金这才得以聚集，从而用来做更大项目的投资，获得更多的利润。

抱团的对立面是窝里斗。温州人之间因为借贷关系所发生的经济纠纷，其实就是一种窝里斗。斗争的结果，既伤了和气，又不利于资本的进一步运转。

因此，对于放贷者来说，虽然借贷成为一种新型的投资项目，但这个项目存在的意义是为了给大家谋福利，实现资本在整个温州圈子里的良性循环。而不仅仅是为了自己的利润，盲目抬高利息，最终不利人、不利己。

对于借款者来说，要严格约束自己，不要轻易受到地下钱庄的诱惑，一出现资金短缺就去借款。应首先想想其他可救急的办法，多找找亲戚朋友、商会，或者看看有什么东西可抵押给银行。不到万不得已的时候，不要轻易去地下钱庄借款。那里虽然筹集资金容易，但后果也很严重，可能你辛劳好一阵子的钱都填补到高额利息里了。

⟹ 投资心经：投资，不能忽略关系网

有这样一则著名的笑话，大意是说：某位普通人想让自己的儿子变成非凡的人物。于是，他首先找到美国石油大王洛克菲勒，告诉他说我打算给你女儿介绍一个对象。洛克菲勒岂能随随便便就让女儿跟一个普通人交往呢？当即拒绝。可他说这个对象是世界银行的副总裁，洛克菲勒当即答应。

然后他又找到世界银行的总裁，说给他介绍一个副总裁人选。世界银行已经有好几个副总裁了，总裁怎么可能随随便便接受一个陌生人的推荐呢？当即拒绝。可他又说，这个副总裁人选是洛克菲勒的女婿，世界银行总裁立即答应了。

这个人向洛克菲勒和世界银行总裁所推荐的人，就是他自己的儿子。

人们往往折服于这个笑话中间人的“空手套白狼”的伎俩，很少想到将这种关系网运用到投资领域。然而，温州人却做到了。

在短短二十余年间，温州从一个交通闭塞的小城市发展成为中国民营经济的佼佼者，其中必然有很多可借鉴的经验。其中一个最重要的经验就是温州人非常善于投资关系网，他们对关系网的看重远超过对某个具体投资项目本身。

以温州商会为例，每个参与商会的温州人，只要有需要，只需亮出

自己的身份证，就能得到商会的帮助，获得创业初期所需的资金。这种依靠民间组织快速实现融资的方式，实在是羡煞旁人。

商会就是一个典型的关系网。每个温州人，尤其是出外创业的温州人，几乎没有人不知道商会。

温州人每到一个新的地方，第一件事就是通过商会了解附近的投资环境，通过商会来结交新朋友，寻找商机。如果发现了合适的项目需要投入资金时，就可以告诉商会中的这些朋友：我想招集个会。然后发请帖，在某个地方摆上几桌酒席，向与会的朋友表明你的诚意及要从事的项目。会结束了，你所需的资金也筹集到了，只剩下你去赚钱和回来还钱。

这种借商会的力量来实现自己的创业梦，对温州人来说是最普通不过的融资方式了。通过商会融资之所以能够实现，是因为它是一种建立在亲戚、朋友、同乡关系之上的经济互助形式，基础是亲情、友情等交情。因为有交情，什么事都好说。

为什么温州人之间很容易就能通过商会建立起交情呢？他们对温州同乡的认同感为什么这么容易就能建立起来了呢？

那是因为大家有共同的思想理念。温州圈子里流行这样一句话：“一个人赚钱不算本事，大家一起赚钱才是真本事。”这句话传递给人们的第一信息是温州人很抱团。基于这种理念上的认识，每个温州人找到商会的时候都怀着一颗互相帮忙、共同发财的心，因而很容易团结协作起来。

除了商会，温州人在投资的时候，可利用的关系还有很多。比如说亲朋好友、知名企业家、毫不相干的陌生人。这些关系网，我们普通人也都有，但很少被用来投资，只是单纯的亲情、友情，仅此而已。与众不同的是，温州人认为这些关系网成员不仅仅是自己的亲人和朋友，更是投资的合作伙伴。因为他可以利用这些关系投资，可以与他们发生借贷关系，可以抱团合作炒作某个市场，可以联手霸占某个市场，等等。

只要有钱赚的地方，温州人就不放弃利用关系网的机会，当他无法独占市场的时候，就会像蚂蚁搬救兵一样，拉来关系网中的成员共同发财。如果关系网中的成员暂时不愿意合作，至少他可以向他们借钱独占市场——反正温州人借钱又不成问题。

正是由于有上述种种结果，所以温州人平时对关系网中的成员格外照顾，在别人需要自己的时候也会第一时间站出来。这样大家互帮互助，可以共同为温州资本的累积作贡献，将民间的力量发挥到最大。

第六章 不只赚“自己人”的钱

- 技术可以抄袭、可以超越，但文化无法模仿。
- 有胆量，敢于走出去，不识字的老阿婆也能淘到第一桶金。
- 别人对你的信任老值钱了，信誉比眼前利益更重要！
- 红蜻蜓凭什么红遍寰球？凭着文化牌、民族牌！
- 在巴黎手袋市场上，精明的犹太人是这样被更精明的温州人挤走的。

“走出去”是一个老传统

2005年，提起在纽约华人社区颇有名气的温州籍房地产商林敏芝，不要说当地的华人，就连当地的美国人，也纷纷竖起大拇指对她的胆识和气度表示敬佩。

不仅仅是因为她拥有绿景旅馆，创建了华美地产公司，担任纽约第一百货公司的董事长兼总经理，更重要的是，她那种敢于闯荡天下的无畏精神，以至人们将她的事迹当作传奇传播。

原因很简单，大多数中国女人，结婚生孩子之后，心思就全放在小家庭中了。但林敏芝有了两个女儿之后，心思就不在自己的小家中了，而是借了一些钱买了一张机票，飞去美国寻找机会了。

她先从车衣厂和餐馆打工做起，不久就拥有了一家自己的餐馆。又过了不久，这个大胆的女人竟然在布鲁克林闹市区和曼哈顿的时代广场开了两家百货礼品店。再后来，她又考下地产执照，正式进入美国地产界。当她听到一个不知名的小镇——河头镇，有一家破餐馆要转让时，就毫不犹豫地将其盘了过来，重新装修整顿后，就成了河头镇有名的度假酒店——绿景旅馆。再后来，这个女人就荣获了首届“美国50位杰出华裔企业家”的殊荣。

身在异国他乡，人生地不熟，语言又不通，林敏芝是怎样成为传奇的呢？

也许你会说，是因为人家思维敏捷，脑子聪明，目光长远，是投资的天才。那让我们再看看下面这两个“传说”。

温州平阳一位老太太，听说从外面收购兔毛，回来能赚一大笔钱后，就再也坐不住了，也想学别人倒卖兔毛赚钱。但她没有年轻人的体力，又不会说普通话，更不认识字，怎么可能走出去赚这笔钱呢？她是这样做的。

她请人给自己写了两张纸条，一张纸条上写着“我是温州平阳人，请帮我买车票”。另一张纸条上写着“我要收购兔毛，多少钱一斤？”就靠这两张纸条，这位平阳老太太跑遍了大半个中国的兔毛市场，成为一个靠收购兔毛发家的万元户——这是20世纪80年代的事，那时候“万元户”对中国大多数地区的人来说还是一个很稀罕的身份。

无独有偶，温州还有一个同样体力不强、不会说普通话、不认识字的老太太，她靠一双手把自己生产的小商品推销到了中国大大小小的城市——她一只手手心上写着“有权不用，过期作废”，另一只手手心上写着“买我的产品，给你百分之二十的回扣”。就靠手心的这几个字，这个老太太在全国各地成功地推销出了自己家庭作坊生产的小商品！

看了这三个毫无畏惧闯天下的女人的故事，你们会不会觉得温州女人很“强悍”？其实不只是温州女人，温州的男人更是无所畏惧，常年五湖四海地奔波，寻找好的投资项目。

“走出去”是一个老传统，无论温州的男人、女人、老人还是孩子，都将外面当作铺满黄金的场所，留守在家无所事事是一种耻辱。因为在温州人看来，“走出去”不仅仅是一种赚钱方式，更是一种生活态度。

温州位于浙江省东南部，三面环水，背靠大山。这里人多地少，资源匮乏，水路是唯一与外界交往的通道。在改革开放以前，这里的人只能过着与世隔绝又贫穷的日子，要想让自己的生活有些起色，只有“死路一条”。温州话中“死路”即“水路”。话虽幽默，但也从某种程度上体现了温州人的无奈。

面对恶劣的自然环境，温州人为了寻找一线生机，寻得更好的生存发展空间，他们只有从“死路”中走出来。所以自古以来的温州人，几乎都将“走出温州”当做一种必备的生活态度。可以说，在温州人的字典里，“背井离乡”不是一个带有贬义色彩的词语，而是一种积极生活、更好生活的象征。这与中国人传统的恋乡守土的保守观念显然是不同的。

世界永远是公平的，与恋乡守土、生活安逸的人相比，“背井离乡”的温州人，上帝也赏赐给他们“衣锦还乡”的机会。截止到2008年，改革开放30周年的时候，在世界各地忙碌奔波的温州人，已经创造了民营经济占工业产值的95%以上，占财政收入的70%以上的骄人成绩，温州资本已经成为世界显赫的一种品牌，与号称全球最会做生意的犹太人齐名。而温州人的老家，早已经被冠以中国鞋都、中国电器之都、中国汽摩配件之都等近30个全国性生产基地的称号，获得16个中国驰名商标、32个中国名牌产品和82个国家免检产品。这些成绩，全国其他城市可以说根本没有哪个能与温州抗衡！

尽管今天的温州人早已经富甲一方，但“走出去”已经成了一种传统，对他们来说，“走出去”已经成为一种最正常不过的生活方式。因此，如今仍然有50多万温州人在世界各地忙碌奔波，全国任何一个城市，几乎都有温州人的身影。总之，只要有人的地方，就有温州人忙碌的身影，他们就像空气一样，充斥在天地间，活跃在商海中——空气无处不在，温州人也无处不在，空气是须臾不可缺的，遍布世界对温州人来说也是一种须臾不可缺的生活方式。

如果说“走出去”是温州人为了寻找活路不得已而为之的策略，那么他们又不仅仅满足于走出去，在外面拥有一个较好的生活环境，他们更希望能彻底改变家乡的面貌，能将自己的“大本营”建得更好，也让温州人生活得更好。

熟悉温州模式的人都知道，相当一部分温州人是靠“模仿”发家的。1985 年，一些在海外投资的温州人回乡，带回来日本的打火机。善于琢磨的温州人将这些打火机拆开，细细研究每一个零件，每一个组成部分。结果不到三个月，温州人就用自己的双手做出了第一个属于温州人的打火机。接着，温州人就在自己的家乡生产出第一批属于温州人的打火机，很快以极低的价格投入市场，迅速挤垮世界三大打火机生产基地——日本、韩国和中国台湾。如今，温州的打火机已经占世界市场份额的 80%，在打火机市场，是名副其实的“大佬”。

不仅仅是打火机，在眼镜、低压电器、皮鞋、塑料制品等许多行业，温州人不但勇于模仿，而且通过市场竞争，在模仿中创新，进而创出自己的品牌。于是，从前从事低端产业的温州人，通过第一次创业之后积累了人生第一桶金，开始从事高科技研发，温州产品就这样逐渐成为一种品牌。

这种“引进来”的精神，不仅在具体的实业经济中得到贯彻，而且推而广之，温州模式的许多品质，无不充满着这种“引进”精神。温州的高科技、雄厚资金、品牌优势等，其最初源头无不是来自于温州之外。因为 80% 以上的温州财富，归根结底都是来源于温州之外的。

正如鲁迅所说：“没有拿来的，人不能自成为新人，没有拿来的，文艺不能自成为新文艺。”

在温州人看来，不能引进别的地区的财富，温州人就无法过上“新”生活，没有引进来的，温州经济也不能发展成为“温州模式”。因此，走出去闯天下不是目的，目的是将天下的“好东西”都搬回温州，使温州摆脱贫困落后、“死路”一条的旧温州，成为一个举世震惊的“新温州”。

此外，“走出去”还催生了一些温州人特有的“生意经”，如投资很大胆，很容易独占市场，容易抱团，做生意能吃苦，等等。温州人的这些品质，都是被环境逼出来的。随着温州人对全球影响力的不断深入，温州模式也越来越受到国内外专家的重视，更多人参与到温州现象的研究中去。我对大家的建议只有一句话：研究温州模式，不能离开温州人的“走出去”传统；离开了这个根基，一切研究都如同缘木求鱼。

以抄底的方式向全球投资

2009年，一位温州同乡找到我，想让我帮忙筹集一笔资金，他想投资金属镍。

谈到这项投资，同乡对我说：“金属镍的价格现在在国外已经到了最底部，只要我拥有足够多的资金，现在绝对是到国外买镍和镍矿的最好时机。”

同乡还给我举了一个例子，他的一个远房亲戚从印度尼西亚购买了几十艘船的镍土，还在印度尼西亚投资建了一个炼镍厂，眼看着全球原材料价格和远洋运费暴跌，远房亲戚打算干脆将矿土采购回来，直接在国内投资建厂。

这件事我已经从海关的朋友那里听说了。这位在印度尼西亚投资的温州商人，在此之前就已经进口了超过1亿美元的金属镍和镍土，他2009年的计划进口量会达到这个数目的两到三倍。

投资镍矿意味着什么？

当事人回应道：“比投资黄金还要保值和增值。”

温州最大的镍贸易商、温州百润投资有限公司董事长张俊晖介绍道，2009年3月，镍在国际上的价格是9412美元1吨，而到了8月，还不到半年的时间里，价格就已经涨到21360美元1吨，涨了125%，的确“比投资黄金还要保值和增值”。

差价越大，利润也就越大，这是人所共知的经济常识。但真正能将这一招运用到极致的，恐怕只有温州人，投资镍就是一个很好的例子。

那么，温州人投资镍的方式有什么独到之处吗？

有！那就是抄底。

在温州人身上，抄底不仅仅是一种投资方式，更是一种投资思维。

所谓“抄底”，其基本含义是：以某种估值指标衡量股价跌到最低点，尤其是短时间内大幅下跌时买入，预期股价将会很快反弹的操作策略。

注意，这里有一个关键词——股价，也就是说，这个词来自股市，是证券市场的专有词汇。

温州人虽然对股市不感兴趣，但不意味着完全不关注这个领域。投资镍的方式，就是基于对“抄底”概念的准确把握，而形成的一种独特的抄底投资思维。

以温州人对迪拜楼的投资为例，我们来见识一下温州式的“抄底”。

众所周知，2009 年 11 月 25 日，阿拉伯联合酋长国的第二大酋长国迪拜的财政部对世界宣布：迪拜旗下所有的房地产公司因为债务危机，将 10 亿美元的债务推迟 6 个月。到了 2010 年 5 月 27 日，迪拜仍无力偿还到期的债务，只好再次声明，某些债务还要推迟 3 个月才能还款。此事件被称作“迪拜危机”。迪拜虽然是一个小国家，但作为全球经济链条的一部分，也深深地影响了全球的股市、债务市场，乃至全球经济的复苏，对世界部分地区，如阿联酋和美国的影响更是深远。

由于债务问题，从某种角度上来看，迪拜的经济已经陷入低谷。在这种形势下，全球无人敢轻易冒险再投资迪拜的楼市，其他领域也不敢轻易涉足。

但温州人却不这么认为，别人害怕的投资项目，往往正是温州人孜孜以求的投资项目。2010 年 1 月，当号称新的“世界第一高楼”迪拜楼刚竣工的时候，我就打算带一个温州团前去寻找机会。我刚透露了这个想法，马上就有 20 多个温州商人报名，纷纷表示对这个世界第一高楼很感兴趣。

在温州人看来，虽然迪拜的经济还没有复苏，但他们依然很看好迪拜的经济前景。

最直接的原因是，阿联酋政府通过这件事吸取了教训，制定了一些有利于这个地区经济复苏的政策，这些政策的主要目的是吸引投资商。显然，这些政策已经发挥了作用，迪拜楼建成之后，飞往迪拜的旅客比债务危机之前明显增加了很多。

除了这个原因，对于温州人来说，还有一个更深层的原因——抄底。

尽管那时的迪拜刚刚经历过债务危机，而且还有一些债务问题尚未得到解决，但由于政府新出台的政策，这个位于阿拉伯半岛中部被誉为“海湾明珠”的地区，一个拥有一系列现代化配套基础设施及奢华的大规模建设的海湾中心，迟早会由于其地理位置及优越的硬件设施而再度受到人们的欢迎，重新繁荣起来。基于这个美好的明天，今天的投资也是值得的。

简言之，我认为，迪拜今天的经济虽然是萎靡的，但未来注定是辉煌的，温州人选择在迪拜最不景气的时候投资迪拜，将来一定会换取数倍的利润。

当然，这需要冒很大的风险，向来不畏风险的温州人早练就了一身防范风险的本领。因此，除了投资迪拜楼，很多温州老板还试着投资迪拜的其他领域，如房产、电视台、按摩器等各个行业和领域，避免将“鸡蛋装在一个篮子里”。

众所周知，最美好的投资项目，莫过于一人独占，垄断市场。即使不能做到完全垄断，也要保证竞争者最少，自己占有的市场份额最大。

但是，在正常情况下，这一般不容易出现，投资者很难拥有这样“一人独大”的机会，尤其是在法制健全、市场成熟的情况下，独占市场的几率非常小。但凡某个行业或领域被人发现存在丰厚的利润，投资者很快就会涌上去抢一杯羹。

但在特殊的情况下，当市场出现缺口，或者经济出现某种漏洞时，“一人独大”的机会就很容易抓住。

打比方说，由于2011年日本9.0级的大地震引发了核危机，人们为了防辐射偏听谣言将食盐抢购一空。如果国家没有采取强有力的手段来控制这件事，那么盐市就成了一个缺口。如果谁站出来说，我这里有几吨食盐卖，那么即使他卖20元钱一袋，我相信也会有市民出来抢购，卖食盐者就“一人独大”，控制了盐市。

而这个卖食盐者，肯定不是在盐断货的情况下购进的几吨食盐，而是在这场危机之前，在盐最不被众人看重的时候，与当时的盐价对比来说是“最底”的时候下手的。他的这种行为，说得高尚一些，就是一种“抄底”行为。

一边是价格的“最底”，另一边是独占市场“一人独大”，这其中的利润，显然是所有市场竞争中最大的。这种一口吞下大部分利润的投资方式，向来是温州人所追求的。

但像迪拜危机这种事，在温州人看来其实可遇不可求，所以一旦看见此类机会，即使冒着巨大的风险，也要顶上去试一试。可是，抄底是一种可遇不可求的机会，向来视最大利润为生命的温州人，是怎样运用抄底思维的呢？

放眼全球，努力让自己成为市场的第一发现者！

改革开放之初，很多人跑到南方寻找机遇，温州人却“反其道而行之”，涌向北方、西北，于是今天的北京城里有了闻名遐迩的“温州村”，西北有了温州的“炒油团”。

20世纪80年代，当人们慢慢尝试成为个体户、投资小生意时，温州人却大胆地杀向了海外，于是美国、巴西、日本、法国、意大利、西班牙、荷兰等国开始有温州人的身影，温州人开始有“中国犹太人”之称。

温州人这种异于国人的行为方式，其实都是抄底思维的巧妙运用。

对于北方，尤其是对中国西北来说，在改革开放之初，由于战略位置没那么重要，因而不被大多数人所看重。广东、深圳等地才是投资者抢夺的市场。温州人却毫不在意西北的贫穷与落后，反而尝试着在宁夏投资，不畏艰难地从事着最不起眼的小生意，如纽扣、电器、商标、小玩具等。不仅仅是宁夏，温州人对云、贵、川、桂、青、新、藏、内蒙古等战略位置不那么重要的省份的小城市、边陲，都有投资。虽然这些投资很不起眼，但到了2000年，国家一声令下，举国“西部大开发”，西部市场一时间成了抢手饽饽。早已经在这里“抄底”的温州老板们，作为市场的第一批发现者，自然比别人赚取了更多的利润。

在海外市场的投资，道理其实也是一样的。温州人作为最早将中国文化、中国特产介绍到国外的中国人，自然比后到国外投资的中国人更了解市场，更明白国外市场的需求，自然也更容易被外国老板所看重。所以，今天的巴黎有一条街叫“温州街”，中国别的城市暂时没有这种“殊荣”。

这种首先“走出去”、首先放眼全球的温州式投资，虽然不像投资迪拜楼那样属于明显的“抄底”，但与后来者相比，由于抢先发现了市场，获利自然更多一些，因此也可以称作一种抄底。

在股市中，究竟什么样的价格才是“最便宜”、“最底”，很难做出很明确的判断。但对温州人来说，抄底思维却是一种可掌控的东西。温州式的抄底，我这样归纳：

大家不以为然的投资、暂时没有发现的投资，都属于“最便宜”、

"最底"，第一个投资这种项目的人，就是在抄底，就是获取利润最大的那个。

这样的话，我们就很好解释温州人为什么敢于冒险、敢于全世界到处跑，其根本目的就是为了争当第一人，尽力实现"一人独大"。

钟情于品牌投资

今天，温州在国际上已经拥有多个品牌美誉，如被誉为中国品牌城市、中国鞋都、中国皮都、中国汽摩配件之都、中国低压电器之都、中国泵阀之乡、中国印刷城、中国电器城、中国眼镜生产基地、中国塑料薄膜生产基地、中国不锈钢无缝管生产基地、中国印刷材料交易中心、中国锻造产业基地、中国汽车及零部件出口基地……各行各业各个领域上百个美誉，都足以说明温州品牌的成绩，说明品牌对温州企业的意义。

温州人不仅在国际上打响了自己的品牌，还试图通过并购国际知名企业的方式来快速地实现温州品牌的崛起。

2009 年年初，温州平阳人叶茂西以中国经贸代表的身份跟随温家宝总理访英，了解到英国的 Propeller 电视台因为金融危机不能再获得政府资助，急需寻找战略投资人。Propeller 电视台已经在欧洲数十个国家落地，2009 年年初还在意大利威尼斯获得“全欧洲最佳卫视电影频道”奖项。叶茂西敏锐地意识到这是一个机会，于是当时就以西京集团负责人的身份与该电视台达成初步并购意向。经过半年多的洽谈和磋商，他终于成功并购了 Propeller 电视台，使之成为中国人首次并购的西方发达国家的电视台。并购之后不到一年的时间，凭着 Propeller 电视台原有的优势及叶茂西的经营，到 2010 年年底的时候，Propeller 电视台已经人户1000万个英国家庭、覆盖欧洲多个国家和地区。叶茂西还打算继续推广它，使之进入美国，进入中东和非洲，成为全世界性的电视台。

像叶茂西这样通过并购国际知名企业来打造自己品牌的温州商人几乎已经成了一种潮流。2010年，温州的服装、鞋业等一些企业的老板，还特意前往意大利考察品牌，商谈并购事宜。此外，温州还有其他一些领域的老板，对国际一线、二线品牌也都纷纷表示出并购的意向。

我认为，温州之所以成为民资海外收购潮盛行的区域，与温州政府的积极鼓励是分不开的。温州政府明确规定：对于境外收购、设立研发中心、建立营销网点、专卖店等投资项目，温州政府会给予5000元至15万元不等的奖励。数额虽然不大，但却表明了政府的态度，温州民企海外并购的步伐因此加快。

创建自己的品牌也好、收购国外知名品牌也好，实际上都是温州企业走出国门的一种方式，是温州人全球战略的一个环节。这个环节对于温州商人来说不仅是一种新的突破，更是新的发展机遇，意味着温州企业从此拥有了一个更广阔的市场空间。

然而，温州人现有的成绩并不是我要讲述的重点，重点是，温州人是怎样创造了这样的成绩。不了解温州企业历史的人，很难想象到温州人今天的成绩是从一片骂声中获得的。

20世纪80年代，温州鞋的质量很差，有些消费者投诉温州鞋穿了不到一个月甚至不到一周就无法再穿了。杭州市消协和新天龙商厦经常接到人们这样的投诉。于是1987年8月8日，新天龙商厦就将本大厦所销售的温州鞋都拿到武林门广场，然后一把大火烧掉，引得杭州上千围观群众叫好。这就是温州企业史上臭名昭著的“武林门事件”。

“武林门事件”对温州人来说是一个不小的刺激。接着，全国各地的城市纷纷效仿，武汉、重庆、大连等地也跟着举行了烧毁温州鞋的“仪式”，深受其害的消费者莫不围观叫好。很快，全国几十个大中城市拒绝再进温州鞋，各地的商场为了安抚消费者，干脆在自己大厦或店门上挂上一个牌子：“本大厦（店）无温州鞋。”有的人甚至直接表示：“本店无温州货。”也就是说，不仅温州鞋，温州的其他商品也成了过街老鼠，人人喊打。

由于“武林门事件”所造成的恶劣影响，温州的私企一下子近乎经历了一场地震。不仅是温州鞋业，温州的其他产品也都面临着被整顿、被销毁的局面，如温州的低压电器也遭遇了鞋业一样的命运，因为质量不合格被国家整顿、被销售者销毁。

这件事之后，温州市政府提出“质量立市”的口号并采取了一系列措施，温州老板们也开始反思自己的不足，寻找一种长盛不衰的经营模式。温州人首次开始有了懵懵懂懂的品牌意识。

实际上，在此之前，温州人没有一丁点儿的品牌意识，甚至没有自己的产业优势。以低压电器为例，温州的低压电器是这样造出来的：买来一个销路比较好的低压电器，拆开来研究，然后模仿着制造。制造工程非常简单，看到人家的电器中零件是什么形状的，就做出一个什么形状的零件；看到人家电器中的零件是什么材质的，就找来相同的材质来制造。至于这些材料、形状有什么参数，完全不顾，只是一种视力范围内的“依葫芦画瓢”。这样造出来的低压电器，怎么可能不出问题？又怎么可能不被消费者拒绝、不被国家整顿呢？

“武林门事件”，一方面让温州人意识到质量的重要性，另一方面，也让温州人见识到名声与企业生死存亡的重要关系。这次不光彩的经历让温州人意识到：若想获得长久的发展，必须提高自己企业的美誉度，让自己的产品在消费者心目中形成口碑。这既是销售市场的需要，更是企业长足发展的根本保障。

温州人提高企业美誉度的方式有很多，最典型的有以下几种：

1．积极参与公益事业。

温州的大老板们每到一处，除了注重与当地商会加强联系，还很注重与政府保障事业部门的合作，积极参与各种公益事业。各地关于温州人对公益事业投入的案例，可谓数不胜数。如2009年5月，在汶川大地震一周年之际，由温州红蜻蜓集团投资、温州市青少年活动中心举办的“关爱·零距离”大型赴川系列公益活动进行得如火如荼。2010年，昆明的温州总商会积极响应昆明市第二届“感恩父母·情系贫困老人”的慈善活动，捐款2万元。2010年年初，北京温州商会还联合上海、天津、重庆等直辖市，以及锦州、兴安盟等市，专门成立了“温商联盟志愿服务文明公益基金”，拉开了温商“抱团”行善的帷幕。

积极参与公益事业，不仅为温州人赢得了知名度，也为树立人们心中美好的温州企业形象做足了铺垫。公益活动成为推进温州品牌的一个强大动力。

2. 宁愿为形象牺牲利益。

温州鞋之所以有今天的地位，一方面，是因为“武林门事件”促使温州人更注重自己产品的质量；另一方面，还有温州人自己的推波助澜。烧鞋事件前后进行了几次，除了被消费者投诉强制性烧毁的鞋子，在温州本地，一些温州老板为了表示自己的决心，也亲自将自己的产品销毁，毫不心疼经济利益。他们说，这把火是为了烧毁假冒伪劣的鞋子，也是为了烧掉自己不堪的过去。这种自我表态的方式，赢得了一部分人对温州人的尊重。

如果说温州人自己烧鞋的这段经历不为人所知的话，那么另一位温州老板的事迹就值得人们敬重了。康奈集团的董事长郑秀康曾说过：当康奈成名后，很多小企业都想借康奈的品牌来赚钱，因此提出每双鞋子交20元钱的商标使用权。这的确是一个很大的诱惑，但联想到温州鞋子就是因为质量问题而遭遇“武林门事件”，他不可能再为了眼前的利益而自砸招牌，因此果断地拒绝了这些诱惑。

如果说20世纪80年代末温州企业产生品牌意识是被市场所逼迫不得已而为之的行为，那么进入90年代以来，不断发展壮大的温州企业对品牌的追逐，可谓是一种有意识的自发行为。

邓小平在1992年指出：“我们一定要有自己的拳头产品，要创出中国自己的名牌，否则就要受人欺负。”江泽民在1994年也题词：“立民族志气，创世界名牌。”国家领导人对品牌的注重，直接为温州人的投资指明了方向。很多温州人也以这两句话为精神导向，自觉地向国际化、品牌化努力。

如正泰集团董事长南存辉说：“中国企业要长大，就必须打造国际品牌。”

康奈集团董事长郑秀康说：“我认为品牌是由品和牌组成的，品就是产品、员工的人品，两者相加就是品，牌就是把自己的产品排进行业中，要不断地往前排。”

温州市人民政府副市长孟建新说：“品牌是企业的灵魂，也是产业的基石。2004年，我们把质量立市提升到品牌立市的高度，全力建设品牌强市，把打造品牌作为调整产业结构、提升产业层次、提高城市综合竞争力和城市形象的重中之重来抓。通过打造产业品牌，提升区域品牌，为温州城市形象增光添彩。”

温州人不仅是这样说的，也是这样做的。正是由于这种对品牌意识的执著，从小打小闹、摸爬滚打产业中走出来的温州人，逐渐走向世界的前沿，成为中国资金、技术、加工基地的代名词，制造出中国首批打入国际市场、参与国际竞争的产品，为温州人添彩，为国人争光。对品牌的看重，也使得温州已经不仅仅是温州人的温州，更是中国人的温州，代表着中国的形象，成为中国国际化发展战略的急先锋。这是我们温州人值得骄傲的地方，也是值得中国人自豪的地方。

全球视野下的文化品牌建设

在经济领域，恐怕中国再也没有哪个地域像温州人这样动辄引起人们的关注了。即使如此，已经具备“领头羊”气质的温州人，并没有沾沾自喜停留在功劳簿上，更没有狂妄自大，而是放眼全球，时刻努力突破自我，寻求更大的发展空间。

我这里只通过一件事，让人们明白温州人正在关心什么，人们在他们身上又能学到些什么。

提起红蜻蜓企业及品牌创始人钱金波，很多人可能都知道，他是温州鞋行业入行比较晚的一个人，但却在很短的时间内将他的红蜻蜓企业打造成一个国际品牌。他在投资中所运用到的理念，就很值得我们深思。

红蜻蜓的成功，很大程度上来说，来源于钱金波对企业文化的看重。在他的组织下，中国的鞋市完成了以下几件大事：

1999 年，成立了全国第一家鞋文化研究中心；

2001 年，建立了全国第一家鞋文化展馆；

2001 年，出版了全国第一部《中国鞋履文化辞典》（该辞典被誉为中国鞋业进入“文化时代”的里程碑）；

2003 年，发行了全国第一套鞋文化邮票；

2005 年，创建了中国第一家国家级鞋文化博物馆——中国鞋文化博物馆；

2005年，召开了全国首届鞋文化学术研讨会；

2007年，编著了全国第一套鞋履文化丛书《东方之履》。

钱金波这种挖掘、研究、传播鞋文化的做法受到业界的好评，由于他对鞋业文化的突出贡献，因此被誉为“中国鞋文化第一人”、“文化商人”——这些荣誉不仅仅来自于业界，还包括新华社、《人民日报》、中央电视台等媒体的报道，受到国家各级领导的充分肯定。由于新华社、《人民日报》、中央电视台及国家领导在人们的传统观念里，属于比较“官方”的声音，钱金波和他的红蜻蜓因此迅速在全国传播开来，并在不久成为世界性的鞋子。

官方之所以大肆宣传钱金波的红蜻蜓，是因为他这种立足于文化思想的经营理念符合国际发展趋势，有助于打造民族品牌。钱金波的成功，就在于他成功地将文化理念融入经商过程中，成功地打响了“文化中国”的商品品牌。

俗话说：越是民族的，才越是世界的。而最能体现民族的东西，一般都是指文化。

众所周知，《霸王别姬》是目前国内唯一一部获法国戛纳国际电影节最高奖项“金棕榈大奖”的电影，也是国际影评人联盟大奖、“金球奖”最佳外语片奖等多项国际电影奖项的得主，是一部享有世界级荣誉的电影，在中国电影史上是一个新高峰，也是世界电影史上不可多得的电影作品。《霸王别姬》的成功，除了演员表演到位，更重要的原因，还在于它通过京剧这种艺术形式及中国艺人的生活，深刻地表现了中国传统文化的精髓，正如国际影评人联盟评委认为：“《霸王别姬》一片深刻挖掘了中国文化历史及人性”，因而更具有历史性的共鸣和震撼，令观众感动。

也就是说，《霸王别姬》成功地表现了民族的东西，因而在世界上拥有经久不衰的魅力。这种理念运用到经济领域，同样能产生震撼效应。一件商品，越能体现民族特色，就越能在世界上立足。钱金波正是看中了这一点，因而才大胆地在红蜻蜓集团引入文化理念。

2001年，在中国第一家中华鞋文化展馆内，钱金波将搜集到的300多双从先秦到民国时期长达几千年历史的代表性鞋履摆在案上。这些来自不同时期不同民族的鞋履，由于款式不同、做工不同、纹饰不同，当它们被摆放在一起时，立刻就成了一件件艺术品，或小巧玲珑，或别具情趣，或充满时代特色和民族特色，令人目不暇接，宛若一道靓丽的风景。

不仅展示历史上的鞋，钱金波还聘请著名民俗学家叶大兵对中国的鞋文化进行重新梳理，将得出的中国精神融入红蜻蜓鞋业的制造中。当他带着这些具有民族文化特色的红蜻蜓鞋出现在杭州、上海、成都、温州和香港等地的鞋业展览会上时，立刻就引起了巨大的轰动，也为红蜻蜓鞋业带来极大的经济效益。

不仅如此，钱金波还以“文化”理念来管理自己的企业。走进红蜻蜓专卖店，你会发现，除了款型各异的皮鞋，吸引你目光的还有专卖店的气氛：假山流水，古玩字画，花鸟鱼虫，无所不具。置身其中，恍惚中你似乎感觉不是来购物的，而是体味一场文化盛宴！这种视觉上的冲击力，怎么会不令消费者动容、不令全球震动呢？

因为对文化的准确把握，红蜻蜓鞋业成为全国民企500强、全国行业百强、浙江省重点民营企业、浙江省“五个一批”重点骨干企业，2002年和2005年还被评为中国名牌产品，六度蝉联温州厂长经理最高奖——金鹿奖。

2009年9月，由于红蜻蜓成功参展意大利米兰国际鞋展，迅速打入国际高端市场。米兰国际鞋展是一个相当高档次的鞋展，在此之前，包括中国在内的亚洲鞋业，从来没有机会进入这个鞋展，红蜻蜓是第一个进入此高档鞋展的亚洲企业。从此，红蜻蜓在国际上的知名度迅速提升。当年5月，红蜻蜓鞋业成功在美国洛杉矶西田购物中心开设形象店，这也是首个跻身于世界顶级购物中心的温州品牌。随着中东国家王室和影视明星的广告宣传，红蜻蜓鞋业将越来越为世界所熟知，成为一个响当当的国际品牌。

成功跻身国际高端市场，对很多企业来说都是梦寐以求的事。但它的创始人钱金波还有更大的野心，他想将红蜻蜓打造成中国的LV！照之前的发展势头看下去，这也不是没有可能的事。

红蜻蜓的成功，充分显示出了文化与经济的完美融合，也让人们见识到了文化的魅力。仅仅靠文化理念的引入就获得如此大的成就，也许正是众多企业所没有想到的。

这是因为：技术可以模仿、可以超越，但文化却无法模仿。它本身所具有的经久不衰的艺术魅力，就是企业发展的灵魂，是企业傲首群雄的保障。因此，一个企业若想做大做强，没有深厚的文化底蕴做支撑，要想在竞争残酷的全球经济领域一枝独秀，其奋斗难度，无疑要增加许多倍。

打“文化”牌之所以能起到如此不同凡响的作用，我想，与文化的这些特征是分不开的：

1. 文化能有效地承载企业的社会功能，而不仅仅是商业功能。正如美国经济学家W. C. 弗莱德里克所说：“它（现代企业）所面临的社会挑战就是要寻找一条使经济与道德相统一的途径。”打“文化”牌，无意就是这样一条途径。

2. 文化理念的植入，有助于满足消费者对物质之外的文化需求。以红蜻蜓为例，它在异国女性的脚上不仅仅是一双鞋子，还是中国文化的象征。随着中国的逐渐崛起，越来越多的人开始关注东方文化，作为文明古国的中国，人们如果能从商品中发现中国传统文化的魅力，那自然是另外一番收获，红蜻蜓就成功地满足了异国消费者这点精神需求。

3. 文化理念的引入，还有助于帮助企业培养相对忠诚的消费者群。美国的可口可乐之所以被中国人广泛地接受，不仅仅是因为它的口感，更重要的是“可口可乐”这个既能给人带来清爽感又具有愉悦感的译名。可口可乐品牌所有者也认为：我们成功的原因在于我们营造出友善的氛围：令人满意，使人愉快——其实这也是美国“大兵精神”的真实写照。相反，如果它仍旧保留着最初的古怪译名“蝌蝌啃蜡”，恐怕今天在中国的销量就没有这么好了。

在竞争日益激烈的今天，同类产品之间的差异日益缩小。鉴于文化对于品牌在这些方面的重要意义，温州产品若想在国际市场上拥有一个鲜明的品牌，最有效的方法，就是让自己的品牌具有独特的文化，以文化的差异来显现与同类产品的不同。红蜻蜓毫无疑问成功做到了这一点。

红蜻蜓鞋业创办于1995年，此时的温州，已经有了康奈、吉尔达、奥康等名牌鞋业，全国的名牌鞋业更多，如森达、富贵鸟等，在国际上都已经小有名气。很明显，与这些已经成为品牌的鞋业相比，红蜻蜓没有丝毫竞争优势。但它却独到地在品牌上注入文化理念，以“后来者居上”的姿态，短短几年就成功跻身于国际一线品牌。红蜻蜓的成功，无疑证明了文化理念对于品牌建设的重要意义，善于模仿的温州人肯定会很快地将“钱金波模式”推广成“温州模式”，使之成为温州人全球战略中重要的一环。

迟早会开启的“温州实验室”

2011年1月7日，为了探索建立规范化的个人境外直接投资渠道，浙江省正式批准实施《温州市民营经济创新发展综合配套改革试点总体方案》。温州因此成为全国第一个开展个人境外直接投资试点工作的城市。一时间，温州资本再次成为业界人们议论的话题，温州资本走出去的大趋势纷纷被人们所看好。

然而事情还没有过去半个月，该试点就被告知暂停，原因虽然不便于透露，但我们仍然能从《温州市民营经济创新发展综合配套改革试点总体方案》（以下简称《方案》）中看到一些东西。

《方案》指出，此次试点对于温州资本来说具有五大方面的现实意义：

1. 便于拓宽温州的民间投资渠道，为丰富的民间资本提供一个合法的身份，进而促进温州资本在全世界的流动；

2. 有助于加强温州的民间资本的规范化管理，既可维护个人在境外的合法投资权益，又可帮助国家监督温州资本的流向；

3. 为温州资本进行海外投资提供便利，为一些个人境外投资尚无具体操作办法的投资者提供个人境外投资渠道；

4. 为温州资本更广泛、深入地在全球市场流通提供方便；

5. 有助于帮助国家推进外汇管理制度的改革积累经验，有助于提高境内投资主体的国际竞争力。

试点的总目标，是通过政府的引导作用，帮助温州资本建立完善的个人境外直接投资发展体系，为温州资本进一步走向世界提供帮助。

不得不说，《方案》的出台，出发点是很好的。一方面为温州资本的流通提供了一种正规的渠道；另一方面，也有助于促进温州与世界的接轨，促进中国与世界的接轨。

这个《方案》，至少也证明了两方面的问题：

（1）在温州，个人境外投资已经是一种普遍的现象，因为这种现象的普遍性，具有规范意义的《方案》才出台。可以说，正是基于来自温州民间资本日益庞大而带来的出路压力，迫使浙江省政府出台这样一个方案。

（2）浙江省政府对温州资本非常看重，一直致力于温州资本“堂堂正正”地走向国际经济舞台。因为长期以来，温州资本个人境外投资基本上都走“地下钱庄”，具有极大的风险，这是不利于温州资本发展的。这又从一个侧面说明了，温州的个人境外投资已不是什么新鲜事，温州资本开始正式向全球宣布“走出去”战略。

提到温州人的“走出去”战略，不得不先提一下他们的“拿来主义”。温州企业从模仿起家，小到纽扣、打火机，大到皮鞋、电器、服装流水生产线，乃至21世纪初投资汽车，最初无不是模仿。随着信息时代的来临，随着人们掌握信息的手段越来越便捷、全面，温州人这种通过国外的亲戚或同乡来获得资讯的方式显然已经落伍。但是，他们却没有被市场淘汰，反而在中国市场上的作用越来越举足轻重。

原因很简单。在那个信息闭塞的时代，温州人通过“走出去”的方式所获取的信息，已经为他们积攒了丰厚的资金。更难得的是，他们在改革开放的最初几年的“走出去”战略不仅赚取了财富，还比别人拥有了更多的技术、更多的投资经验。这些技术和经验，连带着丰厚的温州资本，作为温州的丰厚积淀，成为温州企业不断发展壮大的最有力动力。

进入21世纪，被强大动力持续推动的温州，无论在国内，还是在国际上，其综合实力都已经成为一股不容小窥的力量。温州资本所到之处，无不掀起一场地震式的轰动。温州，这个“青出于蓝而胜于蓝”的模仿王国，已经不满足于模仿他人了，其实力已经足以使之“走出去”并成为世界的榜样。“走出去”影响世界、改变世界已经成为一种必然。温州资本，就是在这种形势下走出国门的。

早在《方案》出台之前，就已经有许多温州老板实现个人境外投资成功的案例：如温州正泰集团已经投资1.2亿欧元在西班牙加利西亚建设一座欧洲最大的太阳能发电厂；温州乐清通领科技集团投资1亿美元在美国亚特兰大建起一个占地约1300亩的高科技工业园区；温州商人王伟胜投资“一个连我父亲也不能透露的数字”，成功收购了阿拉伯联合酋长国的迪拜媒体城内的阿拉迪尔卫视……这些都是温州资本个人境外投资成功的真实案例。

温州市经济建设规划院规划部主任王智善还曾做过一个个人境外投资的民意调查，调查结果显示，温州人对境外投资热情很高。截止到2010年年底，温州企业境外投资项目635个，投资金额4.54亿美元（比2009年增长了69.4%）。

这些案例、数据充分说明，温州的民间资本流到境外，已经是一个不争的事实，“走出去”已经不仅仅是一种口号，而是温州人身体力行努力占领海外市场的铁证。温州，已经成功地由“拿来主义者”转变成“走出国门者”。只是由于温州资本是通过地下渠道进行的，而非官方的，暂时没有变成“昂首走出国门者”。相信随着温州资本在国内外经济领域影响力的大增，国家迟早会出台规范温州资本的办法，使温州资本昂首挺胸地走出国门，走向世界。

至于《方案》的暂停推广，有声音认为，是国家尚没有批准此方案。由于资金额度比之前个人资金出境每人每次5万美元额度扩大了

60 倍，这需要得到中央政府层面的外管职能部门的正式批准。国家外汇管理局局长易纲也曾公开回应过：“（温州个人境外直投）由于没有履行完程序，目前还处在没有赋予实施的状态。”

但我认为，无论浙江省政府也好，国家外管职能部门也好，都不会对《方案》置之不理、没有下文。因为国际市场环境越来越开放，温州资本也越来越庞大，不习惯让钱躺在银行睡大觉的温州人，是不可能放弃海外投资机会的。如果国家不及时出台方案规范温州资本的境外投资，温州的地下钱庄会越来越兴旺，这种见不得光、搬不上台面的投资渠道，迟早会出问题。从这个意义上来说，温州迟早会成为允许个人直接向境外投资的实验室，成为全国个人境外投资方式方法的表率。

《方案》这件事，让我们再次看到一种近乎真理般的现象：政策往往不是先于实践而存在的，而是被形势所逼不得已而规范之。与其说温州人敢于冒险，不如说温州人敢于走在政策前面，做别人不敢想的事，赚别人不能赚的钱。

⟹ 投资心经：海外更要抱团取暖

自古以来，中国的经济界就流行这么一句话：同行是冤家。

同行之间，最大的关系就是竞争。而竞争是一种很“私有制”的东西，马克思将之称作“私有制下的社会化大生产”。盲目竞争的结果，不但产生了冤家，影响同行之间的和睦，更大的恶果是，它会导致“经济危机”，既不利于自己，也不利于同行，更不利于市场的稳定和发展。因此，恶意竞争的本质，是一种“损人不利己”的经营行为。

尽管如此，自古以来的中外市场上，永远都上演着一场名叫“竞争”的好戏，大家为了自己的经济利益排挤对手，乐在其中；被对手所排挤，挣扎在其中；大家彼此排挤，竞争更加残酷，于是“商场如战场”成为一句名言。

在熙熙攘攘的经济角逐中，温州人唯独超然于外，因为他们毕生都在追求一个没有竞争的市场，即使是面对同行，他们也抱着一种“大家共同发财”的投资情怀实现彼此共同的利益。

遗憾的是，现实与理想总是有差距的，某一个人、某一群人的愿望不可能在短时间内成为全世界60亿人的共同愿望。温州人在投资方面不可能做到既方便自己又方便全世界，况且纯粹的“大家共同发财”应该是大同社会的产物，在目前的经济条件下很难做到。

既然如此，作为有共同“信仰”的温州人，很自然地就走到一起，在异域他乡做生意的时候，尤其需要发挥“抱团精神”。

抱团对海外投资的温州人来说，意味着什么？

曾在法国经商的温州商人谈到巴黎的温州同乡时介绍道，温州同乡之间彼此很讲义气，很团结，也很抱团。人们在投资的时候有一个特点：什么生意赚钱，就纷纷一窝蜂地疯狂投资这个领域。比如说有一段时间巴黎的手袋市场非常好，于是60%的温州商人都投资做手袋。尽管彼此之间存在着竞争，但彼此却并不排挤对方。如果说真有排挤到谁的话，那也是犹太人。犹太人不是精明吗？他们一天工作8个小时，那么温州人就工作13个小时，这样他们生产出来的产品就比犹太人生产出来的产品价格低，市场要好一些。结果，号称全世界最精明的犹太人，硬是被天生抱团又吃苦耐劳的温州人挤出了市场。

由此可见，温州人其实是很懂得竞争的，但他们的竞争对象不是温州同行，而是“非我族类”。浙江大虎打火机有限公司负责人周大虎的总结，我觉得很有道理：温州人经商起步时势单力薄，如果不抱团，很难在市场上站稳脚跟；而在实际经营中，温州商会确实能够帮温州人解决一些实事。

推而广之，在国际市场上独闯异乡的温州人，不管是否拥有雄厚的资本，在异国境内都属于“势单力薄”的弱势群体。如果大家不抱团合作的话，不要说企业的发展壮大了，自身是否能站稳脚跟、生存下去，都是一个重大的问题。

随着全球化进程的不断加快，国与国之间的经贸往来将会更广泛，不同国家民间之间的经济往来，也会越来越广泛和深入。已经在国际市场上小有成就的温州人，虽然面对着一天比一天好的投资环境，但仍然不能忘记温州精神，不能忘记温州人彼此抱团取暖的历史。这种独特的温州模式，过去是温州人在异国他乡安身立命的保障，将来也会是温州品牌发展壮大的保障。

历史在变化，时代在变迁，投资环境在改变，不变的是温州人独有的精神财富。只有民族的，才是世界的，这种抱团的集体主义精神虽然暂时还只是温州人独有的发展模式，但在这种精神下催生出来的温州现象，肯定会被越来越多的人学习和模仿。我相信，在不久的将来，经商的这种集体主义理念，将不仅仅是温州人独有的财富，也会成为全世界共同的财富。因此，经济领域内的集体主义精神，既是温州的，也是世界的。

第七章 紧盯房产这块“肥肉”

• 房产投资的利润分两块——现实利润和未来利润。现实利润重要，未来利润也重要。

• 跟着政策走，投资不失手。别拿政策不当回事。

• 以钱生钱，以钱养钱才是根本；金融、证券什么都是浮云，只有那些真实拥有、看得见的财富才是王道。

• 按15%的回报率来算，房产行业比任何一个行业赚钱都快。只要有机会和购买能力，为什么不去做呢？

• 物业的管理水平是真正保证房产质量的关键，也是房产增值的关键要素之一。

• 商铺要养，成熟的商铺就像东北的野生人参，越老越值钱。

无孔不入的温州购房团

素有“中国犹太人”之称的温州人，最大的特点就是敢为天下先。当全国房产行业尚未风生水起的时候，由温州投资者组成的温州购房团早已率先吹响了进军房产行业的号角。银川、上海、长春……处处都可见温州购房团成员的身影。

众所周知，在当今社会，房产行业应该算是一个高利润行业，只要你有敏锐的眼光、足够的资本，你就可以在房产投资中获得稳定、可观的收入。而先富起来的温州人，对股票、期货和证券都不太感冒，他们只对房产行业情有独钟。

随着地产政策的调整，银行存款利率不断下调，股市又长期低迷，这就使得房产投资的价值彰显出来。很多具有高远商业眼光的温州人尝到了楼市价格上涨甚至是飞涨带来的甜头，于是他们将更多的注意力投向楼市，渴望从中获得更大的利润。但是，温州当地的房产资源是有限的，待开发的楼盘和店铺更是屈指可数，于是，他们迅速将目光投向了外地。

2001 年，第一个温州购房团首次进军上海，首次成交 3000 万元；同年，温州购房团包火车到上海看房，制造了当时“温州人包火车进军上海”的轰动性新闻。

2003 年 8 月 4 日，温州购房团在徐州购走了 53 套商铺，交易金额约为1500余万元。8月16日，温州购房团再赴徐州，又一举拿下金地商都另外的61套商铺。

2009年3月，一组约200人的温州购房团北上奔赴杭州。杭州一处集合地上锣鼓喧天，“温州购房团，杭州欢迎你”的大条幅在空中迎风飘舞。

现在在中国，从云南的大理到黑龙江的佳木斯，从新疆的伊犁到辽宁的大连，甚至在海外市场，温州购房团都无处不在。近年来，经过媒体的大肆宣传，温州购房团在人们的眼里已经被神化了。其实，在现实中神话根本就是不存在的，这些都只是温州人在外地投资的一种新的形式。他们也跟普通人一样，房产只是投资的一部分而已。温州人遍布在全国各地，他们有自己的组织和信息传递系统，一旦某地有更好的投资机会和选择，他们就会首先得到最新的信息。此外，为了避免势单力薄，他们选择团结起来，组队出行。

我们来看看温州购房团的主要特点：

1. 组队购房，影响大。

温州人在外做生意喜欢互帮互助，换句话说就是团结。他们去外地做生意时喜欢结伴而行，这样不但可以筹集到更多的资金，降低一些外在的风险，还可以集思广益，谋取利益的最大化。

温州购房团大兵团作战，其实延续了温州人一贯的经商思路和传统习俗，每到一处少则三五十人，多则上百人，每次出行都声势浩大。对于温州购房团的这种做法，外界褒贬不一，有人说他们的出现让全国房产市场狼烟四起、鸡犬不宁，有人说这对于中国房产市场的成熟和发展有很好的促进作用。但是一个不争的事实就是：温州购房团在全国各地都抢购到大批房产，他们在激烈的市场竞争中实现了自己的梦想，获得了大笔财富，这一切才是衡量一个投资者是否成功的终极标准。

2. 购房的投资形式五花八门。

出门购房的温州人，不但喜欢购买公寓、别墅，还喜欢购买商铺和写字楼。他们每到一处，都是先进行考察，然后根据当地的情况，决定投资方向。在上海，超过半数的温州投资人把小型商铺作为投资首选，而在浙江金华，温州购房团则又一掷千金，动用百万甚至千万购买下整层的商铺和写字楼。温州购房团将房子购下后，有的在当地投资、创业，有的在当地扎根，有的将新购到的地方作为开发外地市场的总部，这样，他们在无形中也为当地经济的发展注入了新鲜血液。

3. 敏锐的目光是成功的保证。

具有长远发展眼光的温州人知道，那些看得见的配套设施不但要占用更多的资本，未来的发展潜力也是有限的，只有选择那些投资前景好、有潜力的行业，才能获得更大的利益。因为一个真正的投资者，是不会放过任何一个具有较强升值潜力和发展空间的商机的。于是，在海南、青岛和厦门，很多温州人将旅游度假与投资置业结合在一起，这样，他们在享受和开发当地资源的同时，也获得了一定的投资回报。

有人说过，现在温州约有10万人在全国各地购房，仅购房这一项，在温州动用民间资本的数额已经高达1000亿元。这些话没有丝毫的夸张。对于信仰“实业才是根本”的温州人来说，以钱生钱，以钱养钱才是根本，金融证券什么都是浮云，只有那些真实去拥有、那些看得见的财富才是王道。于是乎，温州现在是“全民购房”。温州本地的开发官员说：“温州市的人口刚刚超过100万，但是温州的房产开发规模已经相当于江西一个省的总量。他们不但投资当地楼市，还不遗余力地大规模向外走。他们在外购房、投资的火热劲头简直让人吃惊。”一位温州购房团的成员说：“不往高的说，就按15%的回报率来算，房产投资比任何一个行业赚钱都快，只要有机会和购买能力，为什么不去做呢?”

目前，温州有专业房产投资专家5000多人，这些人多数为个体老板和房产界人士。他们在自己的事业发展壮大后，还会带动周围的人，正是这样的大环境，才造就了温州人全民购房的大浪潮。

这些专业的购房专家还把全国的房产市场划分为几个等级：北京、

上海等国际大都市是第一等级，这里的房价当然也是相当高的；苏州、大连等海滨城市归属为第二等级的范畴；那些省会城市和经济较发达的城市，例如乌鲁木齐、郑州等，就划归为第三等级市场了；最后进入第四等级市场的是那些地理位置特殊或者是具有独到价值的城市，如桂林、张家界等。他们知道房产投资不但要有热情，还要对政策和市场深入了解，只有软件、硬件一应俱全，才能在市场竞争中夺取胜利。就是在这些专家的指导和带动下，才有越来越多的温州人走向全国，甚至是走向世界。

温州人在海外投资，早已不是新鲜事。在马来西亚、在温哥华，温州人也是投资圈内的新动力。早期，很多温州旅游团去海外旅游时，就对当地的房产行业产生了浓厚的兴趣。“只要我们了解当地的投资政策、操作流程和市场前景，很多难题就能迎刃而解，我们将来在这里就可以做强做大。”这就是温州人，不但具有灵动的思维——敢想，还具有敢于拼搏的精神——敢做。而那些对温州投资者较感兴趣的政府也对温州人大开绿灯，马来西亚就相继出台了一系列计划，通过给予 10 年绿卡的优惠，让华人投资者享受到很多西方国家的一系列免签、减税等优惠措施。毫无疑问，这些措施也对温州购房团在世界各地遍地开花起了推波助澜的作用。

刚性需求下的“聚宝盆”

对于为什么投资房产这件事，温州中小企业协会一位会员同时也是一位房产投资者的一番话，我觉得很有道理。

他说：“生活是什么？简单点说，生活就是柴米油盐、衣食住行，而房子是实现这一切的首要条件。如同植物的生长离不开阳光和雨露一样，人们的衣食住也离不开房子这个‘基地’。事实上就连‘行’也离不开房子。你买的自行车、电动车、私家车，不得有一个停放的地方？有些人买房子，还专门看房产商有没有修建完善的停车场呢！总之，房子是构成人类生活的基本要素，谁都离不开房子，投资房产肯定错不了。”

的确，作为一种“刚性”需求品，房产为温州人带来了源源不断的利润。纵观2001年以来温州人的投资项目，房产、煤炭、棉花、电力、石油、股市、矿产等诸多行业，一些温州人虽然赚了钱，但也有很多温州人赔了钱，投资煤炭、股市、石油，就是投资失败的鲜活例子。尤其是2008年、2009年煤炭和股市的惨败及迪拜危机中，温州资本在国内国外都遭遇最惨烈的“滑铁卢”。而唯独房产这一项目，是温州人始终获利的投资。虽然国家政策一直在调整，但全国各地的楼盘甚至国外一些楼盘，仍然活跃着许多温州老板的身影。最根本的原因，就是房产是人们生活的刚性需求，始终拥有极广阔的市场，因而温州人能始终获利。

然而，在所谓的“温州炒房团”出现以前，人们虽然知道房子的重要性，但却没有像温州人这样将房产当做可以投资、可以像蔬菜一样的普通商品买卖。

中国人受传统意识的影响，一直以房产和地产为重，将房产与地产视为很私人的东西，而非一般可以流通与买卖的商品。新中国成立前，不论官宦商贾，买田置地一直是很多人事业有成之后的不二选择。20世纪六七十年代，人们迫切需要解决的头等大事是温饱问题，对住房条件的要求并不是很高。当时，很多人住的是草房、平房、大杂院、简易楼。那些拥有大量房产和资本的人，不是人们口中的资本家，就是“剥削阶级”。在那个时候，大量的房产和资本对人们来说反而成了累赘，一不小心就会把人拉进政治斗争的漩涡。后来，福利分房越来越火，那些在党政机关和事业单位就职的职工，可以依靠单位来解决住房问题。但是福利分房，惠及的只是很少一部分人，房子仍然没有像普通商品那样可以进行普遍性的买卖。

随着人口的增加和经济的发展，国家和单位提供住房的速度远远落后于人们的需求。1980 年，邓小平首先提出了房改的思路。1998 年，在朱镕基总理提出的房改思想的指导下，中国商品房诞生了，一改过去脏、乱、差、乱搭乱建的居住环境，房子作为一种普通商品，慢慢走进人们的生活。进入 21 世纪，随着经济的快速发展，人们对居住条件和居住环境的要求也越来越高。住房，不但要遮风避雨，还要舒适。买房，不但要经济实惠，还要称心如意。房子与金钱和黄金一样，成为衡量人们能力的一项外在的物质标准。而与房子有牵连的各种商机，不论是房产投资还是房产贸易，都是生机勃勃，房产市场上永远是熙熙攘攘，热火朝天。中国的房产市场正式形成。温州人投资房产的想法几乎与中国房产市场的开始同步进行。

来自温州苍南县的杨先生就是中国房产市场第一批房产投资者。他

1988年从温州工业学校毕业后，一直在一家小单位从事建筑设计工作。1998年，温州市区的扩建工作刚刚启动，他凭借敏锐的商业眼光和自己多年的知识积累，断定自己所居住地的地皮肯定会被征用，于是他东挪西借凑钱买下了几十间老屋。果然，一年之后，这些老房的价格平均每间就上涨了4万元。在坐享房产增值带来的财富的同时，杨先生开了一家中介公司，专门进行房屋交易。丰富的专业知识让他很快就淘到了自己人生中的第一桶金。

新城刚刚建起，他用自己的全部积蓄，一口气买下了几十套商品房。财富像雪球一样在他身边越滚越大。等大家都看到了房产投资的商机纷纷抢购房产的时候，杨先生的荷包早已鼓鼓的了，而他的手下也有了自己的商铺、楼盘、建筑公司和装修队。

每当别人向他请教成功的经验时，身家已经上千万、名片上印着房产投资专家和建筑公司老总等头衔的杨先生总是说："谁能不住房子呢，既然是不可或缺的，只要有，就不愁没有市场。房子也是一种消费品，它跟炒菜时用的盐一样，什么时候都离不了。市场看得准，就有出路，房产投资固然能挣钱，但是房产信息、咨询、装修、销售渠道等每一个环节都蕴含着商机，就看会不会发现、能不能把握了。"

杨先生的成功，很明显，与适应市场发展潮流是分不开的。正是因为看到房产市场的巨大前景，他才毫不犹豫地投入到这个项目。可以说，准确把握房产市场脉搏，是他出奇制胜的法宝。

20世纪90年代以来，中国经济发展迅猛，中国也进入城市化高速发展的时期，越来越多的人开始涌进城市，对房子的需求更甚。而与此同时，经过80年代生育高峰的那批"孩子"也已经长大，到了适婚的年龄，对房子的渴求也史无前例地高涨。因此，对整个房产市场来说，在相当长的一段时间内，人们对住房的刚性需求仍会大量存在。中国的房产行业还有一个较大、较长时间的发展空间。

正如中国房产协会秘书长朱中一所说："房产市场上到底有多少刚

性需求，没人知道。但是可以肯定的是，在很长的一段时间内，刚性需求仍将保持较为旺盛的态势。”此言不虚。由于极大的需要与有限的房产共存，房产行业就是一个高盈利的年轻行业，而房产投资就像一个能汇集巨大财富的聚宝盆。只要你敢想敢做，你就能收到一定的回报。在这样一个良好的背景下，相信任何一个有商业眼光的投资者都不甘心做一个安静的看客。既然这样，我建议你莫让商机白错过，还是像一个勇于打拼的温州人一样，投身其中，去做一个积极的参与者吧！

挑一个有“钱”质的好房子

现在的房产市场流行这样一句话：“只有尚未开发的楼盘，没有卖不出去的楼盘。”人们对房子的刚性需求决定了房产市场的火爆。

市场火爆有两个方面的含义：一、产品的市场很好，商品买卖顺利；二、竞争者很多，来这个市场“分一杯羹”的投资者也有很多。要想在房产这个能获利的市场上实现利润的最大化，必须有一些独到的经验。否则，在国家不断改变房管政策的调控下，对于房产这种一次性支出较大的投资项目来说，谋取保值、增值，怎样选择一个具有“钱”质的好房子，就成了投资房产迫切需要解决的问题。

怎样从众多的楼盘中判断房子的价值、发现精品，挑到有潜力而又有“钱”质的好房子？让我们看看温州购房团的投资客是怎么做的。

来自温州乐清市的田先生说：“我买房子的时候，首先考虑的是这个房子品质是否够好、功能是否齐全。”

据田先生介绍，既然现在的房产市场主要是针对“80后”、“90后”这些年轻人的婚房，就要考虑这些人群的爱好。“80后”、“90后”这两代人，说有个性也好，说性情乖张也好，但有一点两者是相同的：他们都追求舒适的生活，都想享受高质量的生活方式。因此，既然房产市场的主要消费群更看重房子的舒适性和享受性，商品房那类仅仅能够解决基本生存问题的楼盘，就不再是首选。因此，他在选择房子的时候，不但要了解开发商的实力和信誉，还要认真考察房屋的设计及使用性能。高质量、重承诺的开发商是住房质量的根本保证，一所建筑质量高、房间布局合理、装修标准过硬的房子才称得上是好房子。相同面积的房子，房间设计、布局不同，质量和品味可能就会有很大差别。

此外，房子的朝向、楼层所在高度、室内的采光和日照情况、厨卫是否安全卫生、房间硬件设施是否齐全，都是衡量房子质量好坏的标准。

温州购房团的张先生去宁波购房时，在一个新开发的小区一次性买下了10套房子，他说：“我去考察的时候，看了他们的样板房。房子虽然面积不大，但是那些房子的房间设计非常独特，有电脑间和储藏室，并且卫生间里有专门的淋浴间。这是我以前没有见到的，我感觉这个开发商很用心，他更懂现代人的心理和需求，这些房子将来肯定不愁卖。”

张先生还介绍道，衡量房屋质量好坏还有许多不易察觉的细节问题需要注意，例如房屋内的管道走向是否合理、房间的布局是否科学健康、门窗闭合是否紧密、楼板及分户墙是否隔音等。有关这方面的学问，不是短时间内就能掌握的，需要在日常生活中用心去学，认真去听。

由于对于这些细节问题的准确把握，经过张先生细心挑选的这10套房子，后来果然都卖了很不错的价格，这次投资让张先生收入颇丰。

当然，一套房子是否赚钱，最重要的是地理位置。温州购房团里曾经流传这样一个理论：8分钟棒糖主义。即从家里出发，到商店买一支棒棒糖，仅仅只需要8分钟时间。换言之，房子所在的地方与商店所在的地方之间只有8分钟的路程。这个距离既不至于耽误人们太多时间，又不会让商店的嘈杂影响到人们的正常生活。

通常来说，那些地处交通便利、配套设施齐全的繁华商业地段的房子在市场竞争方面往往具有绝对的优势。

来自温州瑞安市的谢女士在北京的西单商业区、上海的南京路、南京的龙江住宅区均有房产投资。在向其他温州购房太太介绍生意经的时候，谢女士说："这些地段交通便利，商业环境成熟，人们无论是住，还是将之当做办公楼，都是很方便的。"在她的建议下，一些购房太太们一掷千金，在上海、北京、杭州等地比较繁华、房屋性价比很高的地方购买了几套房产。

无独有偶，一位姓张的温州女士也"慧眼识英才"，看中了南京、成都两个繁华商业区的房产。她的理由是：有些环境只能欣赏却永远无法模仿，我相信很多大商家和高端品牌为了入住这个地段，会不惜一掷千金租用或者买我的房子。而这些地段本身就是一笔难得的资源，外加一处房产，这里的房产自然成为人们趋之若鹜的入住对象。

地理位置不仅包括地段上的优势，还包括周边的自然环境与人文环境。在温州购房团看来，一处好的房产周边要有包括餐饮、娱乐、家政、医疗、购物等在内的齐全的社区配置，要能为人们提供一个一应俱全的大环境。因为对中国人来说，"家"是一个复杂的概念，它不仅是一个能遮风避雨的场所，更是一个寄托着婚姻、爱情、就学、养老、安全等复杂情感的"心灵港湾"。

温州一位房产投资者透露，他看了福州人建立的高标准的华侨小区，他觉得那里就是一个自然环境与人文环境俱佳的房产投资场所，投资房产就应该按照那个标准选择楼盘。福州华侨小区是福州政府响应侨胞需求而兴建起来的，那里无论是绿化还是生活设施，质量都很高。小区内不但有超市、医院、学校，还有咖啡馆、健身场所和游乐场。政府方面考虑主要业主都是华侨，所以安保、环卫等各方面的工作布置得都很到位。后来很多当地的有钱人都在小区内购置了房子，小区规模也越来越大。好的居住环境就是这样，对人群有不可抗拒的吸引力。

对于这种现象，一位温州购房客这样形象化地解释道："中国人有爱凑热闹的情结，通常有这样一种情况，路边熙熙攘攘地围了一大群人，外面的人使劲挤过去，发现里面不过是两个人在下象棋。买房子也一样，很多人都这样认为，既然愿意花大笔的钱买房子，肯定是不想住在荒郊野外，谁都想住在一个有商店、学校和医院的配套齐全的小区里，谁都想住在一个购物方便、生活设施齐全、邻里和睦的地方。因此，很多购房者都把那些有着完善、成熟的社区配套，良好的社区文化氛围，健全的社区管理等综合优势的项目，作为心中的首选。”

这一番说辞，可以说讲出了中国人对住房环境要求的国民性，一语道出真谛。

不过，仅仅考虑这些仍然是不够的，所谓“细节决定成败”，多年投资房产的温州人深谙细节直接影响着房产投资的利润。

温州平阳的曹女士早在2001年就跟随自己的亲戚投资房地产。最初进入这个行业的时候，她以为只要房子好就行，没有考虑物业的因素。结果她在杭州所买的一处房产，几个月后发生了物业保安打人的事件，而且有居民投诉这里的物业很不负责任，下雨天也不帮助业主解决车库积水的问题。一时间，曹女士所在的这处房产，因为物业的形象问题，价格不但没有攀升，反而成为人们所诟病的地方，曹女士匆匆将这套房子转手，结果还赔了5万元钱。

好的物业管理，涉及方方面面，包括住宅环境的安全、维修、干净、绿化等多个方面，这些都是居住生活的重要保障，可以在卫生、安全等各个方面为你提供良好的生活环境。责任心比较强的物业，白天上班时你不用担心窗户没有关严，夜里休息时也不用担心会有人在外面大声喧哗；你既不用为水龙头坏了而发愁，也不用为停车找车位而烦恼。从某种意义上来讲，物业的管理水平才是真正保证房产质量的关键，也是房产增值的关键要素之一。

现在很多物业管理公司业务范围逐渐扩大，很多物业管理都有代业主出租房屋的业务，一个负责、高效的物业管理公司不但可以让你省去很多麻烦，还可以吸引购房者，让你的投资很快就得到收益。否则的话，房子再好，环境不好，卖不出去也是枉然。所以，投资者在购房前就要看清楚了，尽可能在做投资前考察的时候详细了解一下物业管理的质量。

参照温州人的这些“房产投资经”，你会发现，在买房前，面面俱到、做足功课是不可少的。只有对房子的质量和硬件设施配置情况有了全方位的深入了解，才有可能挑到一个升值潜力不可低估的房子，才有可能在火爆的房产投资市场中分得不小的“一杯羹”。

长短线投资亦有道

如果不真正将房子像蔬菜、服装一样当一般的商品来买卖，而是拿些闲钱来买一处或两处房产，等房价上升了再卖出去，单从这个差价来赚取利润。这个买卖在温州人看来，虽然有利可图，但却不可取。因为这种纯粹靠时间或机遇获得的差价利润，实在是白白浪费了投资成本，没能实现投资成本的最大利用价值。

相反，如果将房产投资当做普通的生意来做，详细计算好投资成本、资金的运转和流通时间等，将普通生意运作时所需要的经营手段全部运用到房产事业，而非单纯地等待房子涨价，你会发现，前者所赚取的利润要远远大于后者。

将房产投资当做普通生意做的人，是温州人；买一套房子放在那里等着升值的投资者，是一般人。温州人之所以能造成轰动楼市的“温州购房团”，其他地域的人之所以未能产生如此大的轰动效应，根本原因就在于二者不同的经营理念上。

对于房产，温州人的经营理念是：既有长线投资，也有短线投资，二者交替呼应，相得益彰，确保了温州资本在楼市利润的最大化。

长线投资与短线投资是股票市场使用率最高的两个词。所谓“长线投资”，指的是投资者不会在短期内卖掉持有的股票，一些股东甚至几年乃至十几年持有同一只股票。所谓“短线投资”，指的是投资者将在几天内甚至当天内买进的股票再卖出去，在短时间内获取差价收益。长线投资与短线投资的优缺点也很明显，前者如果成功了，所获得的回报是非常令人羡慕的，但期间投资者要付出令人畏惧的艰辛；后者所冒的风险较大，但短期内收益也可以很客观。总之，二者各有利弊。

在温州人眼里，房产投资，也有长线投资和短线投资之分。

长线投资的房产，是那些风险较小、回报稳定的物业。如，有些温州购房者会买下房产，然后让物业放租，从中获取稳定的收益。如果没时间管理的话，他们还会将之委托给发展商或投资地的代理公司管理返租，确保自己能获得定期稳定的收入。长线投资是温州人为了规避房产投资风险而想出来的投资方法，虽然回报小一些，但收益相对稳定。

短线投资的房产，一般指住宅楼。这与普通人投资房产的方式相似：在楼盘低价时买入，待高价时再卖出，从中赚取差额。这种投资方式风险相对较大一些，投资的时候必须选好楼盘，确保所选中的楼盘有较大的增值空间。因此温州购房团有人戏言，房产短线投资者都是行为艺术家，他们在房产市场上激情满怀，慷慨买进，然后又瞄准时机，大把抛出，这种雷厉风行的作风是长线投资者远不能比的。

也有人认为，长线投资者才是真正的道行高深者，他们不但要时时刻刻集中精力去弥补投资过程中出现的失误，还要有一颗能容忍市场无常变化的宽厚之心。

但在我看来，房产的长线投资也好，短线投资也罢，只要经营有道，均可以获得丰厚的利润。

一位来自温州乐清的郭先生，在杭州、南京、上海、武汉四座城市，有七处房产。这七处房产，有属于长线投资的，也有属于短线投资的，其中南京和武汉的三处房产是长线投资，其余则属于短线投资。它们全部是在2005年之前买进的，到了2010年9月郭先生从楼市撤出全部资金时，这七处房产使郭先生的净赚利润均高于这四个城市当地人从房产投资中所获得的利润。

也许你认为，郭先生的成功，是因为他资金雄厚、购房的时间比较早，因而能获得比较大的差价，所以获得的利润更高。不排除有这个因素，但使他成功的重要因素之一，就是所谓的长短线投资策略。

郭先生只讲了一点：“跟我一样投资多处房产的投资者有很多，但最终的利润都比我差了那么一点儿。我为什么选择在南京和武汉这两个城市长期投资呢？这两个城市相对来说不那么发达，房价浮动相对不是很大，我就通过放租的方式慢慢盈利。而上海、杭州这两个城市，房价浮动相对较快，我就采取短线投资的方式，趁低价的时候买入，觉得这两处楼市火爆的时候再卖出去，这样就尽可能地拉大了中间的差价。这样无论是从长期来说，还是从短期来看，我所投资的房产都是盈利的，最大可能地避免了风险。”

根据城市的发展特点来决定采取长线投资还是短线投资，这不失为一个明智的策略。然而长短线投资的策略又不止这一方面。我通过对大量温州购房团成员的调查研究，发现温州人对长短线的投资策略，可以归纳为这三点：

1. 根据自己房产的实际情况，理性抉择长线投资还是短线投资。

长线投资和短线投资的优缺点，都是显而易见的。你是选择长线投资，还是选择短线投资，需要具体问题具体分析。

一位温州购房团的资深投资者介绍道：“如果某处房产是酒店式公寓，地段又比较好，那么长短线投资都行，租出去也能获利，转手卖掉的话获利也不小。如果某处房产只是一般的住宅楼，那么作为长线投资来放租的话，租金显然是有限的。与其让它占用着资金等每月那一点儿固定的租金，还不如趁房价还不错的时候，早点卖掉，然后用这笔资金投资一项利润更大的项目。”

这位投资者有一点说得很好：“……与其让它占用着资金等每月那一点儿固定的租金，还不如趁房价还不错的时候，早点卖掉……”资本通过运转获得利润，这是很普通的经济规律。运用到房产投资上，就是要看长线投资是否值得。如果自己所拥有的房产打算以长线投资的形式放租出去，就要好好衡量一下这笔资金的赚钱速度能否更快一些。如果不理想，不如及早撤出另做打算。

其实，长线投资也好，短线投资也好，最终目的是实现利润的最大化，让资本在同样的时间内获得尽可能高的收益，这才是投资的根本意义。

2. 头脑清醒，该出手时就出手。

对短线投资来说，最难能可贵的就是瞄准机遇，在房价最低的时候买进，在房价最高的时候卖出。这两个点要卡得非常准，才能实现“低买高卖”，获得最大利润。很多短线投资者投资的根本目的就是为了等待这两个点的出现。然而，天有不测风云，如果遇到特殊情况，该出手时最好要及时出手，最大可能地规避风险。

秦皇岛一家小区新开发的时候，温州老板常先生购买了三套房子。他所选购的三套房子，都紧临市中心，很多人以为他要用这三套房子大赚一笔了。没想到才过去两个月，他就以略高出原价的价格转让。常先生说：“原先跟开发商签订了定金协议，本来想等房价涨上去之后，尽快将这些房子转让出去，自己从中间获取差价。谁知道见了无数买家都没有谈妥，就一拖再拖。现在开发商那边一直在催着让签订正式合同，我可不愿意把自己圈成房东，现在只要稍微能赚点我就转让。”

房产投资图的就是利益，相信这种获利不高类似于抛售的事，是每一个房产投资者都不愿意看见的，但是在房产投资时看清市场形势，及时放弃其实也是一种智慧。

3. 寻求专业帮助。

如果不确定长短线投资怎样搭配才能获得最大利润，可以寻找一些专业人员。

一位60多岁的温州老汉，在谈到自己投资房产的时候介绍道：“我只听说投资房产挺赚钱的，但我对这一行又很不了解，也没有什么学问，这么一大笔钱，也不知道怎样投资才更划算。于是就有亲戚向我推荐了房地产投资咨询公司和投资顾问。这些投资公司也不跟我讲多么高深的投资理论，只是让我交一些服务费，然后帮我找房源，帮我选择恰当的时机卖出房子。结果，我虽然对房产事业一窍不通，但也赚了几十万了。现在我自己也能慢慢摸索着，大概也知道怎样能赚钱了。”

你准备选择长线投资还是短线投资，你准备选择什么样的房子，在投资初期，找专业的房产投资咨询师、理财师、谈判员等人咨询一下是必不可少的一步。很多温州购房者都声称，自己最初对房产投资也是一无所知，不是盲目跟着亲朋好友投资，就是寻找专业人士来帮忙，否则根本不知道怎样下手。

前面我讲了，房产投资跟一般的生意投资是一样的，都需要一个周全的、正确的投资策略，对市场的变化周期、风险、收益等都应该有一定预见性。因此，在自己经验不足的时候，寻找专业人士来帮忙是必不可少的。

当然，每个房产投资者的投资理念、投资策略都是不一样的，不局限于以上三点。对于长短线战略，不同的人可能会有不同的使用方法。但是，所有温州投资客的终极目标是一样的：规避风险，获取最大利润。关于这一点，已经在房产市场上打滚多年的温州人可谓经验丰富。如果你初入房产市场，尚没有摸索出一套适合自己的方法和策略，那么，不妨按照温州人的长短线投资策略，大胆地试一试，也许你很快就会获得惊喜。

选商铺，做一个“包租公”

2010年4月之后，国家陆续出台了一系列楼市调控政策。其中，对于购房者来说，影响最大的莫过于提高首付比例。根据政策规定，个人购买第二套房首付比例提高至50%——事实上买商铺的首付比例一直以来都是50%。因此，调控后的购房首付比例和利率已经等同于购买商铺。善于从政策中汲取投资灵感的温州人，迅速转向商铺的投资中去。

来自温州瑞安的王先生毫不掩饰自己投资商铺的热情：“与住宅楼比较起来，商铺具备投资回报更高、更能增值保值的优势。并且目前在国内，投资商铺的概念还未全面普及，房产市场的很多人目光对准的都是住宅房，所以商铺投资市场的竞争在房产圈里应该算是最小的。竞争小，收益就高，我觉得自己就是瞅准了这个无竞争的最好时机，成为国内第一批专门投资商铺的投资者。”

王先生的话不无道理，在楼市接连受到国家法令政策的约束下，传统的楼市投资利润已远不如2001年房产市场刚兴起来的时候。加之商业用房一直处于政策调控被疏忽的范围，所以现在商业地产投资越来越受到关注，商铺投资逐渐成为投资者们关注的焦点，超市商铺、商务区商铺、社区商铺和商业街商铺正逐渐成为投资者们的新宠。有市场调查显示，更多的房产投资者选择“弃宅从商”，做一个“包租公”。而在温州，很多人正在大规模购买商铺，意图在这个升值潜力很大的空间内有所作为。

我对温州房产投资商的意见也是如此，与其在观望国家不断加大房地产政策的调控力度，不如及时“改行”，从一个房产投资客变成一个“包租公”，将资金从楼市中撤出来，及时投资商铺。

这是因为，商铺具有楼市所不具备的三大优势：

1. 商铺投资灵活，风险小，稳定性高。

与大面积的商品房和价格高不可攀的高级别墅相比，独立的商铺占用的资金有限，投资者投资之后，可以自主经营或者租赁经营，方式灵活。

其中租赁经营的好处更是数不胜数，与炒股和其他房产投资大不相同，投资者不用时时刻刻用心盯着市场变化的晴雨表，把自己搞得身心疲惫、草木皆兵，只需在家中安心坐定就可尽享资产升值带来的好处。

王先生还介绍道：“投资商铺的好处不仅限于这些。与黄金和股票投资相比，商铺投资风险较小。黄金、珠宝的真假伪劣让人费心，股票的无常跌涨更是让人难以把握。而商铺的优劣和价值一般人都可以毫不费力地鉴别出来，一般那些地段好的商铺，均有极好的发展前景。”

况且，自从2008年金融危机以来，国内外通货膨胀严重，货币的购买能力日渐微弱，存款太不划算，投资黄金有一定的风险，只有投资商铺可以使资金很容易就保持着升值，有效地平衡了资产，可谓一种稳妥的投资方式。

2. 商铺投资回报率高。

一般来说，商铺可以在8年左右收回投资，年出租收益率一般可达10%，收益好的可以达到16%以上。与股票和黄金投资风险重重、利润具有较大的时段性相比，商铺投资的回报就显得非常可观。商铺的购买和装修花费有限，并且一旦租赁出去，回报就可以用“财源滚滚”这个词来形容。

温州的何先生在深圳车公庙以10万元/平方米的价格购买了几间地铁商铺，后来以每月800元/平方米的价格租了出去。他给自己算了一笔账，物业管理费是每月60元/平方米，按照投资回报率=（月租金-每月物业管理费）×12/购买房屋总价的方法算下来，他的年投资回报率达到了9%。如果一直按照这个价位出租的话，自己11年左右就可以收回投资成本了。也许随着地铁线周围商业环境的成熟，收回投资成本根本就用不了那么长时间。

投资圈内有一句流行语叫“一铺养三代”，就是说商铺投资回报率非常高，好的商铺不仅能让投资者本人受益，还可以像传家宝一样，一代一代传下去。没错，好的商铺是聚宝盆也是摇钱树，不但让你今生受用，还可以惠及你的后代，为他们提供衣食保障。

3. 商铺升值潜力大。

在珠海新城开始开发的时候，温州老板唐先生不顾家人的反对，用手中的全部积蓄购置了6间商铺。后来，他发现自己当初的决定实在是对极了。他开始购进的时候均价约为2万元/平方米，到了第3年，他所在区域的整体商铺销售均价为3万元~5万元/平方米，第4年为4万元~7万元/平方米，第5年已经涨到了5万元~10万元/平方米。

商铺的升值潜力，是投资者关注的焦点。黄金和二手房在出售的时候都会比同时间段的新品便宜很多，这其中存在着折旧的因素。但是商铺就不同了，商铺是稳定性高的耐用商品，不但不会随着时间的流逝而掉价，反而会更值钱。

商铺往往是伴随着社区或者是商业圈的诞生而诞生的，一个商业圈或社区从发展到成熟需要一定的时间，这个时间一般是二到三年。一旦商业圈成熟，吸引进驻的业主及企业增多，其居住氛围、商业氛围越来越浓，商铺的投资价值也越发凸显，商铺就会越来越值钱。换句话说，商铺要养，而成熟的商铺就像东北长白山上的人参，越老越值钱。这大概就是房产市场上二手房常见、二手商铺不常见的原因吧。

尝到商铺投资甜味的人都知道，只要商业圈一直存在，投入商铺上的钱就不会消失，只是变成了固定资产，这种资产稳赚不赔，每月、每年都让你有丰厚的租金进账。并且在你需要钱的时候，转手一卖钱就收回来了，这样好的事，除了这里，你还能到哪里去找呢？所以，越来越多的人加入了商铺投资的行列。

需要说明的是，商铺投资固然是利润诱人，但是，商铺投资涉及了多方面的问题，如硬件的配置、物业的成本、租赁的手续等。商铺投资者若想获得稳定而不错的收益，就要对商铺的投资流程有一个基本的了解。

1. 首先是地段的选择，它的重要性不言而喻。

在成都做商铺投资的温州投资商高老板介绍道：“区位优越是投资商铺最重要的因素。别人租你商铺的根本目的，是你这里地段好、商业环境成熟、人流量大，因此选择一个好的地段是最重要的。你提高商铺租赁价位获得利润，凭借的也是这些。”

也就是说，地段对于商铺投资者来说，有一个因果循环的关系链，即：地段好—价格高—租售两旺—地段好。

2. 商铺的硬件配置必须过硬。

试想一下，如果某个商铺没有人打扫公共卫生、电闸坏了却无人维修，这该是一个多么糟糕的商铺。

已经在商铺投资中小有名气的赵先生在温州中小型企业家的一次聚会上说道：“一个好的商铺，必须是水、电、气设施齐全，通信质量良好，服务周到齐全，让租赁者无论是从事办公，还是从事餐饮、服装，任何行业，都能拥有很齐全的配套设备，任何时候都不必为环境而担心。你这个商铺，不能是网络接不进来，也不能是无人管理公共设施，总之不能让租赁者因为商铺缺东少西而放弃商铺。”

总之，齐全的硬件配置是吸引商铺租赁者的重要条件，也是一个商铺是否上档次的根本。

3. 最大可能地规避风险。

目前温州的商铺投资者，主要是靠收取租金来盈利，因此最大的风险就是空置率风险和租户流失风险，即商铺空着无人租赁。

与一般的房产投资不同，商铺的投资，后期属于服务的项目成本很高，如商铺的水电、供暖、物业费用等，明显高于普通住房。一旦商铺出现空置，意味着投资者不但无法通过租金盈利，还要亲自承担这些费用。

因此，商铺投资者在投资之前，在计算回报的时候，就应该考虑空置期的风险，及时根据周边的环境选择商铺的行业，将商铺的潜力充分挖掘出来。

投资郑州一家食品城的吕老板，就充分考虑了空置期的因素。他说："食品城都是搞小食品批发的，竞争很激烈。考虑到客户可能会流失，我就专门空出来三个临街的商铺，搞一些文具批发——因为再过一个街口有一个学校。这样就避免将所有的鸡蛋都放在一个篮子里，降低了投资风险。"

4. 其他必要的手续。

商铺投资，因为房市比较灵活，所以接触面比较广，接触到的人也会比较多，既包括物业方面的人，还包括不断变动的租赁户。在与这两方面人打交道的时候，投资者要核查好租约、签订好合同、妥善保管各种票据。如果租赁人中途解约，投资者还要核查对方是否有应缴纳的有关费用，如水电费、供暖费等。

这些问题虽然琐碎，但却是经营商铺所遇到的最常见问题，直接关系着投资者盈利的多少。因此，对于这些必要的手续琐事，投资者要时刻做好应对的准备，这也是降低风险的一种举措。

总之，商铺投资作为不动产投资的一种，一方面能为投资者带来持久而丰厚的回报；另一方面，也因为其琐碎性、商业性特征，为投资者带来不可捉摸的风险。不过总体来说，利大于弊，利润的诱惑远远大于风险的威慑，一向敏锐的温州投资者们也越来越多地参与其中。在国家房产政策复杂多变的今天，做一个轻松自在而又收入颇丰的商铺“包租公”，不失为一个明智的选择。

向二三线城市进发

嘉兴房价要涨？济南房价要涨？房产大鳄纷纷转战二三线城市……2010年，注定是热闹的一年。一方面，房价下跌的喊声不绝于耳；另一方面，房产大鳄进驻二三线房地产开发市场的传言不绝于耳。一线城市如北京、上海、深圳等，经济发达，投资房产收益高、利润大，因此向来是很多房产投资者的首选。但是，近来很多温州房产投资者撤出了一线城市，将目光投向了济南、厦门、郑州等二三线城市。

与此同时，人民银行温州支行在2010年做的一项调查中也显示：60%的被调查企业10%～30%的资金都用于购买非厂房的不动产，原因是现在实业不太好做。有数据显示，截止到2010年年底，65%的温州资本都在楼市和股市，而楼市投资者最大的投资倾向是向二三线城市进军。

放着别人都想走进去的一线城市不要，却要向大家都想走出来的二三线城市出发，一向以精打细算而闻名的温州人，是基于什么投资理念转投二三线城市呢？

我想，与下面几大因素有莫大的关系：

1. 一线城市是一个国家经济、社会发展水平的最高体现，在这些地方进行房产投资，收益高，利润大。但是在这些地方投资，不但要有雄厚的资本做后盾，还要敢于面对更加激烈甚至残酷的市场竞争，不然的话，一步不慎，全局皆输。换句话说就是高回报总是与高风险如影相随。以北京为例，整个中国只有一个北京，一个北京城也只有一个市中心，所有投资者的眼光全部被吸引过去，先别提需要多少投资资金，投资管理有多难，就是想竞购成功也得参加一场甚至多场你死我活的竞争赛，否则的话，你只能看着别人去赚钱了。

2. 房产投资的利润是由现实利润和未来利润组成的，租金收益是现实利润，未来利润是房产的升值、增值空间。短期内快速上涨的房价已经将未来的利润提前透支，这样投资者必将成为虚假的繁荣市场的最终受害者。

大城市的房产市场已经繁荣了一段时间，投资空间和投资需求虽不能说已经饱和，但是发展前景已经不像以前那样为投资者所看好。在今后的时间里，应该会进入一个相对平稳的调整期。房价将不会出现太大的波动，此时进行房产投资，具有很大的风险。

3. 为了规范房产市场，国家相继出台了一系列政策，先是“国八条”，再是房产税，接着是限购令。这些狂风暴雨般的调控政策，在促进房产市场的规范和成熟的同时，也为房产投资者设置了障碍，打击了投资者的热情和信心，重创了一线城市的房产市场。

在这些有投资需求的人看来，一线城市投资的环境已经大不如前，机会和利润都在减少，投资空间也在大幅度缩小。中国有句古话“树挪死，人挪活”。既然留在此处于我不利，那就三十六计，走为上策。

4. 资本永远流向利润高地，商人关注的永远都是利润。与大城市房产市场热火朝天的现状形成对比的，是二三线城市的房产市场还没有真正形成规模。温州购房团的王先生说：“不成熟的市场往往也蕴含着巨大的商机，北京、上海的房产市场未来的发展空间有限。房价再涨也不会高到哪里去。我已经把那里的房子全部抛掉，准备向苏州、潍坊这些有着更大的升值空间的城市进军。以前购房团的几个伙伴，现在已经在那边开始交易了，希望自己开始的不算晚。”

向二三线城市出发，是市场调节作用的结果，是投资者对利益的追求，也是投资者理性投资的表现。

以温州购房团为例，他们在大城市淘足了第一桶金，看到市场出现萎缩的迹象后，没有丝毫的犹豫，就开始大举进攻别处的市场。他们这样说："大城市房价和地价越来越高，投资成本和投资难度都越来越大，既然在那里难以再一展身手，还不如去小城市好好打拼一把来得痛快。不论什么城市，只要存在有投资回报和升值潜力的楼盘，温州购房团就不会错过。"于是他们的足迹越走越远，从乌鲁木齐到青岛，从三亚到大庆，无不走得铿锵有力。这样的魄力和胆识，也许只有在温州人身上才能看到。

除了以上原因，二三线城市之所以能吸引投资者的眼光，也自有它的理由。

首先，二三线城市房产市场尚未成熟，房价低，竞争小，风险低，过早进入投资成本也不会太高。

其次，中国的城市化建设正处于一个上升的阶段，随着交通建设的铺开与区域经济规划方案的出台，二三线城市房地产市场形势越来越好，在这些地方投资，前景一片光明。

此外，二三线城市受政策调控影响的程度较小，投资空间大，这就有利于吸引投资者的眼光。

为了推动地方经济发展，很多地方政府对引资、融资和房地产行业都有着很高的兴趣，他们也乐意通过一些优惠条件来吸引外来的房产投资者进入本地的房产市场。泰州一位政府官员坦诚地说："仅靠财政拨付只能解决温饱问题，根本不可能求发展。不引资、集资，不发展房地产，哪来的基础建设资金。"于是，在这样一个多方有意推动房产市场发展的大环境下投资，肯定要比在一线城市投资容易得多，收益自然也会提高。

而且，二三线城市有很多特殊的资源，这些资源正日渐成为投资者的新宠，同样，它们也为投资者拓展了投资升值的空间。

2001 年，在上海拥有大量房产的温州人胡先生与朋友一起去云南旅游，当他看到云南当地的旅游业发展趋势良好，而当地的房产价格与全国同类城市相比尚处于洼地。于是就在香格里拉购买了一处房产，经营酒店生意。后来香格里拉的旅游业越来越红火，胡先生的酒店也让他大赚了一笔。

商场如战场，那么多投资者进军二三线城市，有的赔有的赚，相信每个人开始去的时候，都是冲着赚钱去的，所谓赔钱只是在风险来临时，有些地方没有处理好而已。那么在二三线城市投资，想降低风险，有哪些需要特别注意的地方呢？根据很多投资者的经验，我总结了两点，即搜集准确的信息、摸清地方形势。

很多城市，不论规模大小，地方政府都在想方设法招商引资。从投资者的角度来看，寻找一个良好的投资环境更有利于投资和管理，因此，甄别、搜集准确的投资信息是非常重要的一件事。温商财力雄厚，眼光独特，声名远扬，因此很多地方政府和商会组织都乐于向他们提供投资信息。

2002 年 8 月，有人给温州的一个购房团推荐了邯郸的一个投资项目，地段位置不错，就在市中心。介绍人的文字材料上说得非常好，说项目规模大、证件齐全，当地政府也很支持，投资前景良好等。于是一批温州投资商很快就开赴邯郸，去了之后才发现，情况与材料上说的根本就不是一回事。没办法，只好又退了回来。

房产政策对房产市场影响深远，要想在二三线城市进行投资，熟悉地方政策是安全投资的前提。一个朝令夕改的政府与一个重信用、重发展的政府给投资者带来的机遇和利润肯定是不一样的。而对于投资者来说，在不清楚地方形势的情况下盲目投资，就好比扔掉灯笼走夜路，两眼一抹黑，一不小心就有可能将自己置于被动的局面。

2004 年，一批温州房产投资商在黑龙江的一个城市准备进行投资，他们打算买下一块地皮然后进行开发，做商场用。开始时政府招商引资部门在税收等方面做出了很多承诺，他们口口声声保证让温商享受到各种优惠并大力改善投资环境。为了表示重视和信心，他们还签发了红头文件，给予温商董事会许多自主行使职权的权力。这些承诺让投资者们很是放心，于是他们很快就签了合同。后来经过运作、管理，他们的生意很快在当地站稳了脚，利润也很高。

然而不久，当地政府也开始想利益均沾，他们不断修改原先的文件，与温商争利。投资者们不想妥协，于是据理力争，双方长时间拉锯不下，政府有关部门竟然自作主张，变卖了商场中位置较好的一些铺位。在这种情况下，继续扯皮只会让大家更加被动，没办法，很多投资者只好从那里撤出。每个房地产投资者都在寻找可靠、有利润的投资项目，但是究竟可不可靠、安不安全，恐怕还得自己揣摩。

现在，越来越多的温州投资者已经不再把一线城市当做投资的首选之地，开始对二三线城市表现出浓厚的兴趣，相信二三线城市的房产市场在不久的将来一定会有一个突飞猛进的爆发期。

⟹ 投资心经：别拿政策不当回事儿

房地产作为商品出现在市场上，从人类社会经济发展的过程来看，是正常的。它给社会带来了诸多好处，主要有增加国家税收、提高百姓的生活水平、加速市场经济发展完善等。

房地产市场的发展与诸多因素有关，其中，政策对房地产市场的影响，显然是其他因素所不能比的。每一次房地产政策的出台，都会给房地产市场带来大震荡。

当然，市场经济的健康发展离不开国家的宏观调控，房地产市场同样也需要国家的宏观调控。房地产发展超速，国家就会出台政策让它刹一下车；发展缓慢，国家就会放宽政策，鼓励、扶持一下。

对于国家政策和政府行为，我们不做太多的评价。作为一个投资者，我们只要知道一点就足够了：跟着政策走，投资不失手。房地产投资，千万记住了，别拿政策不当回事。

回望过去才能更好地展望未来，我们虽然没有办法准确预知房地产市场未来的发展趋势，但是我们可以通过回顾以前在敏感时期房产政策对房地产市场的影响，从中找出今后房地产市场的大致发展方向，为我们的投资做好准备。

进入21世纪后，人民的刚性需求得以释放，中国的房地产市场进入了飞速发展的阶段。刚性需求和房价高涨又刺激了投资性需求，在相当长的一段时间内，投资需求异常活跃，成交量不断创新，很多地方甚至出现了泡沫。

从某些方面来说，房价上涨是市场经济发展的必然结果，它在一定程度上还可以对土地这种稀缺资源起到保护作用。但是，房价不合理上涨只会加重民众负担，给整个国民经济带来负面影响。所以，当房价不合理地增长时，为了保障人们的住房条件，让房地产市场沿着一个健康的轨道发展，国家有必要适时出台相应的调控政策对其进行规范和引导。

于是，在2006年，“国六条”出台，“国六条”给一哄而上的投资者泼了一头冷水，很多投资客招架不住，纷纷赶在新政实施前将手中的房产抛售出去。而购房者在资源充足的情况下也放缓了看房、买房的步伐，房地产市场逐渐恢复冷静。

2007年，房产市场已经经过一年多的压抑，又恰逢股市大涨，人民币升值。虽然央行不断加息和提高存款准备金率，但其他政策并没有联合出台。在诸多因素作用下，楼市开始了新一轮上攻。不过，政策调控重拳在仅仅半年后落下，国家出台了关于二套房首付提高到四成的信贷政策，房地产投资者的投资需求立即受到抑制。而不断加息也如“温水煮青蛙”，终于耗尽了投资者的购买力。

2008年的政策风向转得比较快，受全球经济危机的影响，上半年的税收政策主要目的是抑制楼市过热，后来随着次贷危机在全球蔓延，国内出口和投资的实际增速下滑，经济增长出现回落。考虑到房地产在扩大内需、拉动经济发展方面的龙头作用，国家施行了积极的财政政策和适度宽松的货币政策，希望通过刺激民众的住房需求和投资需求来拉动内需，提升经济发展的速度。在这种情况下，很多投资者看准时机，跟着政策的大势走，狠赚了一把。

一位姓黄的温州老板，在2008年看到国家对住房契税税率、购房印花税及土地增值税都做出了调整后，意识到房产市场必将迎来一个新的春天，于是赶赴天津，以1.5万元/平方米的单价购买了10套400多平方米的别墅，全部花费约为6000万。没出两个月，就全部找到了买主，而且，他卖出的时候，房价已经涨到了2万元/平方米。可以想象到，就这一次赚的钱，真的可以让黄先生数钱数到手软。这次投资成功，让黄先生感慨万千：“作为一个投资者，我相信，跟着政策走，永远都不会走错路。”

2008年以后，房价进一步上涨，但是涨价幅度过大，普通居民买房难的问题越来越成为社会关注的焦点，针对这种情况，国家调控的重点是增加普通住宅，稳定房价，抑制投机。于是国家行政开始对商品房市场进行干预。温家宝总理在十一届全国人大第一次会议作政府工作报告中指出，要综合运用税收、信贷、土地等手段，完善住房公积金制度，增加住房有效供给，抑制不合理需求，防止房价过快上涨。在这种情况下，房产投资的利润空间就被压缩，于是很多温州投资者就转向了商铺投资。

扶持也罢、抑制也罢，国家房产政策的调整一方面要为老百姓解决住房问题，一方面是想让房地产行业在经济发展的大潮中扮演一个更加积极、有力的角色。作为投资者，只有时刻关注政策变化，在正确的时间确定好投资方向，才能在市场竞争的滚滚洪流中不至于迷失方向，让自己的财富不断增长。

附 录

温州人投资“八要”

一个人温州人善于投资，这不算什么，因为古往今来世界各地善于投资的人不计其数；

一群温州人善于投资，这就值得人们深思了，人们禁不住好奇：他们有什么制胜法宝？

绝大多数温州人都善于投资以至于在国际上形成“温州现象”、“温州模式”，这就更值得人们琢磨了：“温州人一定掌握了财富之门的密码，拥有开启财富之门的金钥匙。”

在我看来，温州人的密码很简单，可归结为以下八点：

1. 有条件地冒险

温州人有冒险精神，这是众所周知的，人们常以“率先吃螃蟹”、“敢于走在政策的前面”等词汇来形容温州人的这种创业和投资精神。我也承认，敢于冒险是温州人成功的一个重要因素。但需要说明的是，这个世界从来都不缺少冒险者，冒险成功的也不占少数，但像温州人这样即使失败也敢于在经济领域屡次冒险的却为数不多。

以投资油井为例，虽然温州人的这项投资以失败告终，但客观因素占了很大的比例。如果投资油井的客观条件成熟的话，我相信投资油井会像投资楼市一样，获得巨大的成功。因为这项投资能缓解中国的能源荒，有助于改良中国的石油企业，打破低效的中石油、中石化两大石油巨头对中国石油市场的垄断，无论对经济领域，还是对国家的发展，都有难以估量的积极影响。

也就是说，哪怕是失败的投资，温州人的冒险依然是有根据的，它是基于对市场的准确判断和自己必定能赚钱的信心，这些是温州人下定决心投资的根本原因。失败的投资尚且如此，温州人那些众多的成功投资，更离不开这些先决条件。

其实，这些条件非常简单，一般人只要把握其精髓，也能取得成功，那就是：

广大的市场＋第一个被挖掘出来的市场，即广大的市场潜力与蓝海策略的综合运用。有了这两条，如果天时地利具备的话，那必定是利润丰厚的成功投资。

2. 温州式信仰：一切以赚钱为根本

“一切以赚钱为根本”，看到这一条，有人可能觉得像在讲废话，因为投资者最终目的都是为了赚钱，没有人愿意做赔本的生意。

前面我曾经讲过，赚钱对温州人来说，是一种类似宗教信仰的奇特习惯。所有的温州人，都以能赚钱为荣，视没能力赚钱为耻辱。在这种信仰的支持下，所有与赚钱无关的东西，都会被温州人毫不留情地摒弃。因此，无论投资什么生意，温州人不会做出“伤钱”的举动，诸如发生人际关系方面的纠纷、因工作感到疲惫、为失败而落寞，不会不屑于做小本生意或其他容易被歧视的生意、在意别人的眼光，等等，这些行为我曾经将之归纳为“放下一切狭隘心理”。

一般人在投资生意的时候，很容易出现这种被情商所控制的事情，但对温州人来说都不会，因为温州人的上帝是“赚钱”，一切有碍赚钱的事情，都是他们所禁忌的事。因为这个特殊的信仰，温州人能吃苦，能受委屈，能屈能伸，能当光鲜的老板也能睡潮湿的地铺。

很多投资者可能也能做到这些，毕竟这个世界有很多胸怀大志的人。但对这些人来说，成功的投资只是证明自己的一种方式，是他们有理想、有事业心的表现。但这种仅仅通过毅力、志气所形成的事业心，与温州人的信仰相比，能量要小很多。因为信仰所能产生的能量，非毅力所能达到，人类历史发展到今天，可以说信仰起了重要作用，信仰是推动历史前进的最大动力。

温州人的这种信仰，一般人很难学会，只有从小在温州生活过、从小接受温州式信仰的熏陶，才能真正明白赚钱的意义，才能在这种精神的指导下灵活运用各种投资策略。

3. 利人利己是永远的信条

有人这样形容温州人的投资作风：攻城略地，抢占市场。它所表达的意思是无可厚非的，因为温州人原本就善于获得市场，连叱咤商海的犹太人在法国的一些市场都被温州人挤走了。

这样的表述，却很容易让人产生这样的误会：温州人善于与他人竞争，容易树敌。事实证明，这种事也是有的，2004 年西班牙人的烧鞋事件就是一个鲜活的例子。

但西班牙烧鞋事件还包括更深层的原因，如种族因素、意识因素等。如果单纯地将西班牙烧鞋事件归结为“温州人攻城略地式的竞争为自己树立敌人”，那就太不了解温州人的经营方式了。

温州人之所以取得今天的成功并赢得世界的认可，是因为温州人在做生意的时候，总是本着“利人利己”的原则，充分发挥团结协助的精神，有钱大家一起赚，不会为了自己赚钱而损害他人的利益。因此，温州人除了自己抱团，在与其他地域者做生意的时候，还会充分考虑对方的利益，确保双方长久的互惠互利。如温州人与东北人合作参茸生意，宁可自己亏本，也要让东北人获益，以此还要达到自己周转资金的目的，大家实现了互惠互利。

因此，跟温商合作过的生意人，都只会感叹温商的精明、做生意手段的高明，鲜有温商为了自己获利占别人便宜的说法。

当“利人利己”这个信条扩大化的时候，温商在自己获利的同时，不仅回报生意伙伴，还回报广大社会，以捐款、慈善等公共事业为更多的人造福，既为自己赢得声誉，又让他人获益，可谓一箭双雕，温州人的精明再次展露无遗。

4. 团结就是“大同”

团结就是力量，这是谁都明白的道理，将之成功地运用到经商领域，可能也只有温州人了。

提到温州人所创造的传奇，“商会”从来都是人们所津津乐道的话题，也是温州人最被外人所艳羡的地方。因为在商会上，温州人可以毫不费事地筹款，可以轻易地获得投资消息，可以获得很多在一般渠道下得不到的东西。然而正如冰心所说：“成功的花，人们只惊慕她现时的明艳，然而当初它的芽儿，浸透了奋斗的泪泉，洒遍了牺牲的血雨。”人们只看到了温州商会给予温州人的好处，却没有看到温州人对温州商会的付出。

如果将温州人当做一种特殊“种群”的话，可以说赚钱是这个种群的信仰，团结是这个种群成功的“国策”，信仰与“国策”是这个种群的“立国”之本。在这个根本的制约下，温州人无论走到天南海北，无论从事哪个领域，无论是认识的同乡或不认识的同乡，只要向对方出示身份证证明自己是温州人，每一个温州人都会尽自己最大能力为同乡提供帮助。这种帮助可以是无条件的，也可以是有条件的，但帮助到对方这个目的是一定要达到的。

因为每个温州人都是这样做的，在温州商会里，就形成了一种“我为人人，人人为我”的大同现象，当自己需要帮助的时候，就会得到其他温州同乡的资助。

因此，从某种角度上说，在经济领域，温州人内部已经实现了共产主义，温州商会就是大同社会最好的体现。而要实现这个“大同”，团结一致的集体主义就是必需的手段，抱团合作就是温州人征服市场、征服竞争对手的最佳手段。

5. 追逐市场空白点

最成功的投资，莫过于发现市场空白点，实现“人无我有，人有我优”，因为这是获得最大利润的先决条件。然而，在同质化严重、信息发达的现代社会，要想发现市场空白点并且较长时间地占有这个空白，对一般人来讲是非常困难的事，但温州人却能很轻易就做到，这方面已经不用我再多举例证明了。

我要强调的是，温州人怎样发现市场空白，这也正是众多投资者所关心的问题。事实上，温州人的方法，归纳起来非常老套：

（1）率先投资别人不想去的地方；

（2）率先投资别人不屑于投资的领域；

（3）率先投资别人不敢想的项目。

“别人不想去的地方”，如二三线城市、偏远城市、不发达的地区。这些地区市场需求量大，但市场很不完善，很多投资者不愿意投资这些地方，温州人却不嫌弃，因而很容易做成这些小地方的龙头企业，独占鳌头，独享利润。

“不屑于投资的领域”，如打火机、纽扣、皮带等利润看似很小的产品生产领域，这点在温州人创业初期非常显著。其实今天，对于那些投资成本不足的创业者来说，仍旧是一种不错的投资方略，小本生意虽然收益小，但却有助于积累资本。

“不敢想的项目”，如投资煤炭、油井、棉花、水电站、有色金属矿，等等。这些投资项目要么投资成本大、风险大，要么国家政策尚无完全开放，一般人不敢轻易涉足。温州人却毫不忌讳，如果因为投资成本的缘故，大家可以发挥抱团的优势；如果是因为国家政策，那就在不触犯法律的前提下，先将项目做起来，等待国家看到该项投资好处时开放政策。总之，敢想敢做，这才是关键，是否合乎习惯、合乎社会上的认同，这倒是其次。

只要充分理解这三点，占有市场的空白点并不是纸上谈兵，温州人无数次的成功就说明了这一点。

6. 市场既要发掘，也要抢占

温州人在经济领域的成功，广泛地占有市场是最直观的表现。而占有市场又包含两层意思：发掘市场，垄断市场。如果追逐市场空白点是发掘市场的话，那么抢占市场，就是获得垄断、赢取最大利益的保障。

令多数投资者扼腕的是：若想在某个领域成为龙头大哥或者形成垄断之势，没有雄厚的资本是不可能的，没有长足的发展，似乎也不可能，绝大多数投资者都缺乏这两方面的优势。要想获得这两方面的优势，这就需要一些走捷径的方法，温州人就很善于走捷径。他们的捷径，大抵有如下几种：

（1）让利。

让利，其实是目光长远的体现，温州人通过这种方法可以获得无形的资产。

投资看似没有利润的生意是让利的最佳体现。温州人在参茸市场的成功，就是对这个方法的最好利用。此外，赚取较少的利润赢得合作伙伴的信任也是一个不错的手段，这个手段让温州人获得了“信用”这个无价之宝。

（2）互惠互利。

互惠互利是长久地占有市场的先决条件。温州人无论做什么生意，都不会干“杀鸡取卵”的事。否则当市场出现同质化的时候，温州人就失去了占有市场空白点这个先发优势，更不可能广泛地占有市场。

（3）团结协作抢注空白点。

当市场非常大、单靠个人投资无法“啃下去”的时候，温州人就会拉拢自己的亲朋好友或者同乡，大家共同出资，以绝对的资本优势压倒其他竞争对手，独占市场。王荣森以480万的雄厚资本投资油井，就是靠这种方法。

（4）寻找小市场。

当投资者无法筹集足够的资本占有市场时，可投资中小城市、投资不起眼的小生意等小市场。小市场的特点是投资成本小，一般的投资成本在大市场可能不起眼，在小市场却更容易引起轰动。举例来说，当你决定以100万元作为投资资金时，投资上海与投资长沙，哪个投资场所更容易垄断当地市场？显然，同样的投资成本，小市场与大市场相比，更有竞争优势。

7. 要有“蚂蚁精神”和“蜜蜂精神”

蚂蚁和蜜蜂，可以说是世界上较小的一种生物，它们有一个很显著的特征：辛劳。马克·吐温曾写过一篇《辛劳的蚂蚁》来赞美蚂蚁的勤劳，蜜蜂的辛劳更是众所周知。

每个创业的温州人，就像一只只辛劳的蚂蚁或蜜蜂。他们不管从事哪个行业，不管身处何方，有一点是相同的，那就是不怕吃苦，哪怕从小背井离乡漂泊天涯，时刻像蚂蚁和蜜蜂那样辛勤劳作，也要兢兢业业地照顾自己、投资项目。

因此，温州人既能投资油井、投资房产，也能看厕所、擦皮鞋，既能在繁华都市创业，也能在偏远山区获利。这与一般投资者的事业心是不同的，因为“赚钱”是温州人的信仰，在信仰的力量下，只要有钱赚，温州人不会看不起任何投资项目，也不会在意一般人所说的“面子”，更没有一般人的虚荣心。他们就像蜜蜂和蚂蚁一样，活着的过程就是辛勤工作的过程，辛劳是一种必需的生存习惯，就如同人类必须呼吸空气一样。当“辛劳”深入骨髓的时候，就是温州人成功的时候。

8. 近年来的“造势”习惯

近年来，温州资本所到之处，均能引起强烈轰动，如所谓的“炒房团”、“炒煤团”、“炒棉团”，等等，无不在这些领域引起不小的动荡。

可以说，温州资本的这种“造势”行为，是温州人抱团的必然体现。它的好处也是非常明显的：温州资本因此在国内外的名声更响亮，也为温州资本下一步更好地投资提供条件。另外，“造势”还能制造舆论，引导市场朝向，获得竞争的先发优势。

一般的投资者如果想在某个领域获得较大成功的话，温州人这种联合造势的做法，完全可以借鉴。

以上八大投资要点，可以说是温州人投资成功的必胜法宝。这些投资要点，温州人在投资的时候，或者只用到一点，或者是几个要点的综合运用。一般的投资者如果掌握了这些投资要点并加以融会贯通和灵活运用，那么也会像温州人那样很快致富崛起。

温州人投资“七忌”

正如温州人疯狂追求一些东西一样，温州人也会疯狂忌讳一些东西。对于视赚钱为天命的温州人来说，以下七种情况，在投资的过程中是尽量要避免的：

1. 忌闲钱睡大觉

温州资本的累积速度，在全世界都是较快的。温州经济以平均高达15%～20%的增长速度，高于全国9.4%的经济增长速度，更高于全球经济平均增长速度8.6%。之所以有如此骄人的成绩，与温州人善于周转资金是分不开的。

众所周知，财富是在资金周转的过程中产生的，将资本长期存在银行，其实是一种资源浪费，温州人最了解这一点。因此，温州人的钱从来都不会乖乖躺在银行里睡大觉，它们总被千方百计寻找投资机会的温州人拿来产生新的财富。从某种意义上来讲，如果说不去赚钱被认为是没面子的事，那么有闲钱不去投资会被认为是愚蠢的事。

在这种思想的指引下，温州人要么从事民间地下钱庄，要么与人入股，要么以一定的利息借给亲朋好友，要么入团投资更大的项目……哪怕手头没有闲钱，只是有一个房产证，温州人也会将之抵押了换取新的投资机会。总之，不管身边有没有投资机会，温州人都不会任凭资本闲散在家或银行，而是抓住一切可用时机搞投资，形成“全民投资，时时投资”的投资观。

且不说闲钱投资让温州人获得了哪些好处，这种理财观起码让温州人有效规避了财富的损失。因为随着社会物质的极大丰富，纸币作为一种货币符号，其购买力总体来说是逐渐降低的，存在银行的钱与社会总财富相比，不增反减。因此，无论何时，温州人不会让自己的闲钱躺在银行里睡大觉。

2. 忌做影响财商的事

人性中天生有狭隘的因子，比如虚荣、自我、小心眼、受挫易沮丧，等等，心理学家将这些因子当做影响情商的关键。其实这些狭隘的因子，也是导致财商低的重要因素。

有人将财商概括为两方面：正确认识财富及财富倍增规律的能力；正确应用财富及财富倍增规律的能力。我认为，财商还有第三方面的能力：正确引导伤害财富生成的消极心理。

例如，一般人在投资失败后，心中难免沮丧、牢骚、哀怨，时机就在这些沮丧和牢骚中溜走了。温州人却不会做出此等“伤钱”的事，一旦失败已经成为定局，立即撤出资金投资下一个项目，以抢时间的方式来抢注下一个投资市场。美国著名的人际关系学大师卡耐基说过：人不要为打翻的牛奶而哭泣，不要为已发生的事而难过。在温州人看来，沮丧、牢骚、哀怨的行为都是在为打翻的牛奶哭泣，浪费时间，浪费投资机缘，要坚决避免。

消极心理除了贻误投资机缘，有时候还会恶化自己的投资环境。如果投资者好虚荣，投资的时候不免受其影响，如容易对光鲜的投资项目感兴趣、喜欢在成熟的环境中投资、不屑于投资小项目或者在中小城市投资，等等。事实证明这些投资项目要么是市场的空白点，要么风险小，忽略这些投资其实是在与自己过不去。

营销领域流行一句话：做销售之前，先做人。投资领域也是如此，投资之前，也要先做人。只有先引导性格中那些有碍投资的消极情绪，才能做到“正确认识财富及财富倍增规律的能力”、“正确应用财富及财富倍增规律的能力”。温州人之所以很容易就摒弃投资中的消极情绪，是因为“赚钱”是温州人特殊的信仰，自幼已经接纳并融进骨子里，可以说具有先天上的优势。

3. 忌自己掏钱投资，不懂“借”力

“空手套白狼”是一种境界，可遇而不可求，一般人很难做到。虽然不是所有的温州人都能灵活运用这一招，但温州人成长的经历说明了“借”力的重要性。

很多“胸怀大志”的人都苦于没有投资成本，认为“一文钱难倒英雄汉”。真正的英雄，是不会为投资成本所难倒的。纵观古今中外成功老板，白手起家、跌打滚爬而创造一番事业的，不在少数，温州的老板们更是多数出身贫寒，在创业初期没有雄厚的资金做资本的情况下，依然在某些领域做出骄人的成绩。

创业的成功，除了需要资金支持之外，更重要的是需要技巧，温州的老板们最善于“借”他人之力发自己的财，精明的投资技巧是关键。他们借力的手段主要有三种：

（1）利用信用这个无形资本。

跟温州人打过交道的人，都知道温州人是很讲信用的，与他们做生意比较放心。温州人就利用合作伙伴对自己的放心，即使偶尔拖延资金的到位，也会赢得对方的谅解，这样温州人即使暂时拿不出投资成本，也能做成生意。

另外，信用还为温州人创造了一种奇特的机会：金笔效益。如美特斯邦威股份有限公司董事长周成建，仅仅依靠自己良好的个人信誉这个名声，只需拿笔签下自己的名字，不用抵押，不用担保，就能从银行获得上千万贷款。“信用”资本的威力，由此可见一斑。

（2）以互惠互利相“诱惑”。

资金是一种有形的投资资源，当缺少这种资源时，温州人就会以其他来弥补，比如可以利用自己的名声来为合作伙伴制造噱头，可以利用自己手中资源为合作伙伴提供便利，可以利用自己的人脉关系为合作伙伴……总之以自己的无形资本帮助对方获利，从而达到自己暂时不出资或者较少出资获得利益的目的。

（3）没钱投资就炒作。

温州人、温州资本已经成为一种经济现象，这种现象无形中为温州人增添了投资灵感。在“温州”已经被标签化的今天，温州人即使缺少投资成本，只要几个人抱团联手，在神秘的温州商会的推波助澜下，外人很容易认为温州人又发现了投资机会，因而愿意以融资的方式分一杯羹，温州人通过他人的融资或入股，漂亮地获得了投资成本。

此外，利用交情获得投资成本也是温州人借力的手段之一，只是这种手段不及以上三种具有代表意义。

需要说明的是，一般投资者若想像温州人这样轻而易举“借”力，至少要拥有自己的无形资本，如此方能有“力”可借，实现“空手套白狼”。

4. 忌扎堆儿竞争，同质化竞争

扎堆儿是市场很容易出现的现象。一般投资者对市场空白点把握不足，没有更好的投资目标，只好哪个项目赚钱就投资哪个，人人都这样想，就形成了扎堆儿。

扎堆儿，一方面让投资者分得了一杯羹，但另一方面，也让利润变得更薄，对于“以最少的投资成本换取最大的利润”这个理想境界，可以说也是一种投资的失败。这是善于利用时机、追求“蓝海”的温州人所不允许的。因此温州人在投资的时候，总是谨慎地规避扎堆儿，避免与他人发生竞争。

但这并不是说温州人不参与竞争，没有竞争的市场虽然完美，但生命力却会受到抑制。当温州人与他人不可避免地产生竞争时，他们就以

"创新"的方式来规避同质化。

以生产打火机为例，温州人虽然是模仿日本，表面看来好像主动与人分一杯羹，主动扎堆儿打火机市场，但他们却有自己产品的优势：价格、服务意识。在温州人之前，国际打火机生产市场主要在日本、韩国、中国台湾等国家和地区，它们的打火机制作精美，价格与今天相比高出很多，可以当做一种身份的象征。中国实行改革开放之后，善于模仿的温州人看到打火机市场的火爆，就仿造国际知名品牌的打火机，造出与日式相比外观工艺令人难辨真伪的打火机，由于质量稍逊一筹，价格就降得很低。在价格的冲击下，以实用性为主要功能的打火机市场迅速被温州人所占领。最鼎盛的时候，温州打火机占全球金属打火机80%的市场份额，而有"打火机王国"之称的日本，仅仅剩下不到10家的生产企业，韩国和中国台湾的企业绝大多数被迫停产。在温州打火机市场逐渐走向全球的过程中，温州人对技术研发的工作也没有停止过，最终造就了"青出于蓝而胜于蓝"的奇迹。

达尔文说过："应变力也是战斗力，而且是重要的战斗力。得以生存的不是最强大或最聪明的物种，而是最善变的物种。"虽然市场不可避免地存在竞争，但由于勇于创新，温州人总是尽可能地避免商品和服务的同质化，凡事走在同行的前面，避免了扎堆儿竞争，最大可能地保证利润的最大化。

5. 忌轻视小本生意，忽略冷门投资

犹太拉比（相当于贤人、智者）们时常这样告诫犹太人："抓住好东西，无论它多么微不足道；伸手把它抓住，不要让它溜掉。"它所传达的意思，类似于刘备所说的"勿以善小而不为"。

这两句所表达的意思，既可以运用于为人处世方面，又可运用到经济领域，温州人就在经济领域把握了其精髓。他们通常的做法是，要么投资别人不屑一顾的投资项目，要么投资别人不看好或不敢想的冷门生意，前者如纽扣、皮带、打火机、笔等，后者如有色金属、太阳能等。

表面看来，这些生意似乎很难盈利，尤其是小本生意，但温州人却从中盈利颇丰。

以制笔为例，一只活动铅笔一元钱就可以买到，盈利可以说微乎其微，温州人却将这个小生意做得有声有色。根据2004年统计的结果，温州已经聚集了200余家制笔及其配套企业，实现工业总产值16亿元。市场份额方面，水彩笔占全国的90%，圆珠笔占全国30%以上；外贸出口交货值，则均占本企业产值的90%以上，产品远销欧美、东南亚、中东50多个国家和地区，在国际笔市场上声名远扬，温州因此赢得“中国笔都”的称号。

小生意之所以能赢得大市场，根本原因是盈利薄，一般投资者不屑一顾，无形中为市场创造了空白点。温州人瞅准这个时机，以较少的投资跻身低竞争的蓝海，成为财富的拥有者。

投资冷门生意，其效果如同小本生意，也容易独占市场空白，形成行业垄断，获得高额利润。

6. 忌投资追逐虚荣，将项目分出贵贱

随着生活条件的好转，一些温州人在消费的时候可能会表现得比较虚荣：买车爱买奔驰宝马，买房只买大不卖小，抽烟偏爱硬中华和熊猫……但在投资领域，温州人却从来都不虚荣。

一些别人所看不起的投资项目，如投资偏远山区；或者在投资过程中遇到常人难以忍受的有损面子的事，如反复碰壁、经常被人冷嘲热讽……这些常人认为有伤尊严、有损面子甚至是“下作”的事，温州人都能咬咬牙坚持下来，不会因为自己没面子而退却。因为在他们眼里，没钱才是没面子，所以有人说温州人脸皮厚，啥钱都敢赚。但从积极的方面来讲，温州人是洒脱的，是执著的，不管别人怎样评价自己，只要能达到自己的目的就行。这种人生境界，难道不是投资者应该学习的吗？

以推销商品为例。温州人市场之所以遍布全球，与温州人不怕碰壁的习惯有关。众所周知，业务员在推销商品的时候，很容易被人们很不礼貌地中断，或者干脆很不客气地被赶走，很多业务员无法忍受这样的屈辱，因而坚持不下去。但温州人却不会这样，只要他觉得推销是能赚钱的，那么就会用笑脸、执著甚至死缠烂打来达到目的。正是由于这样不怕白眼、不怕挫折的行事作风，温州人能将自己的商品卖到全世界，攻下一个又一个市场。

如果所投资的市场利润丰厚，只是生活条件艰苦了一些，那么温州人就更不在乎了。

“面子”是人类一种比较畸形的心理，一般投资者容易因为有损尊严而放弃一些好的投资项目，这又为温州人提供了市场空白，因此可以说，促使温州人发掘空白市场的因素是多方面的，温州人的成功，要感谢那些爱面子的虚荣投资者。

7. 忌做有伤交情的事

温州人走遍天下，除了做生意，最爱做的事就是交朋友，依靠强大的人脉为自己的钱脉做铺垫。相反，温州人不会做有损彼此交情的事，哪怕朋友做出对不起自己的事，只要不影响自己的生意，温州人都会大度地放过，下次有合作的机会，只要“有利可图”，温州人依然会跟对方一起做生意。如果温州人不小心与人发生争执、矛盾，只要觉得双方仍然有互惠互利的合作空间，依然会放下彼此的不快，在机缘合适的情况下化解彼此的矛盾。因此，温州人很容易给人大度的印象，但不了解温州人这种行事作风的人，反而会说温州人为了赚钱“下作”。

总之，因为对投资理财的天生敏感性，让温州人的理财观有些与众不同，常有不按常理出牌的现象。这种情况一方面帮助温州人取得了一些出人意料的收获，为推动我国经济建设做出巨大的贡献；另一方面，又落得臭名昭著、不被人所理解的结果。我在这里将温州人的投资忌讳展示给大家，一方面为温州人正名，另一方面也让一般投资者认识到自己在投资过程中的不足之处，真正学到一些好的投资策略，切切实实落实到自己的投资项目中去，无限接近“以最小的投资成本获取最大的利润”这个完美目标，起到投资理财的真正作用。